The Unique World

方寸

方寸之间　别有天地

日本の近代とは
何であったか

問 / 題 / 史 / 的 / 考 / 察

日本的"近代"是什么

问题史的考察

〔日〕三谷太一郎 著

曹永洁 译

社会科学文献出版社
SOCIAL SCIENCES ACADEMIC PRESS(CHINA)

目 录

序　章

作为近代日本之模板的

欧洲的近代是什么

近代日本的模板

日本的近代化，是以 19 世纪后半叶日本开始建设国民国家时的先进国家——欧洲列强为模板而完成的。正如卡尔·马克思在《资本论》第一卷第一版的序文中所说的那样："产业较为发达的国家，将为发达程度较低的国家提供其未来的国家形象。"在当时的欧洲，这一观点被普遍接受。人们认为，对后进国来说，欧化在正反两面都是不可回避的。马克思说"国民应该而且也能够向他国之国民学习"的原因正在于此。一个多世纪后，即 1970 年代中期，沃勒斯坦等人所提出的"世界体系"论，早在 19 世纪 70 年代已在世界资本主义的中心——欧洲的自我认识中孕育了它的胚胎。

从 1871 年（明治四年）到 1873 年，以岩仓具视为特命全权大使的政府使节团被派往欧美，交涉不平等条约的修正事宜。他们带着向欧美学习这一比外交交涉更重要的目的，远渡海外。岩仓使节团首先访问了美国。美国是先于欧洲诸国对日本施加了强制性"开国"压力，也就是所谓的"西方冲击"的国家，但在当时的日本看来，美国与欧洲诸国并不完全属于一体，甚至可以从中区别出来，归为后进国家。在这个意义上，美国跟日本是同等的。但是美国却先于日本从欧洲的老牌国家——英国那里获得独立，并跟欧洲诸国并肩享受了与日本签订不平等条约带来的权益。事实上在日本幕末时期，一些洞悉世界情势的知识分子，甚至把美国视为"攘夷"成功的事例，认为它是一个非欧洲国家实现欧洲式近代化的先行范例。

在日本近代化过程中，美国之所以对日本产生了独有的、强烈的政治文化影响，其历史渊源就在于此。日本的欧洲化跟美国化密不可分，不仅如此，随着世界中心从欧洲向美国转移，对日本来说，从欧洲化转向美国化也就具有了必然性。

在 19 世纪后半叶的幕末维新时期，当日本以建构国家为具体目标，以欧洲为最佳模板开始近代化进程时，欧洲则基于自身的历史经验，开始对"近代"进行理论性的省察。从"近代是什么"的问题意识中，已经可以看到"近代"概念的萌芽。这里我想讨论其中的代表性事例，也就是活跃于 19 世纪后半叶的英国新闻记者沃尔特·白芝浩（1826~1877）的尝试，它可以为回答本书的课题——"日本的'近代'是什么"

提供一个线索。

白芝浩和马克思

白芝浩跟马克思（1818~1883）是同一时代的人，1867 年马克思的《资本论》第一卷问世，同年白芝浩也出版发行了他的代表作《英国宪制》。两人都从事媒体工作，都是通过政治经济学的观点分析英国近代。马克思的政治分析跟经济理论密不可分（或者说他的分析正是建立在使这两者密不可分的哲学以及世界观的基础之上的）；白芝浩的成果则是由分析英国金融市场的《伦巴第街》（1873）和分析英国政治体系的《英国宪制》两部分构成。另外，马克思和白芝浩都受到蓬勃发展的自然科学的启发，以物理学和生物进化论为典范，在对既有政治学和经济学进行批判的基础上，致力于确立一种能够解释 19 世纪后半叶体现英国最新的近代现实的新学问。

马克思在被认为是"经济学批判"的《资本论》中，借鉴物理学家观察自然进程的方法，"用自然史的发展方式来理解经济的社会构造发展"。他将形成了最典型资本主义生产方式以及相应生产关系的英国，看作是"以自然进程最确切的形态、受到的干扰最少"的一种情况，在阐述其理论的过程中，把英国作为比照的主要基准。

　　白芝浩则是把同时代的现实，视作"铁路以及电信的发明"等交通通信手段的革命带来的"新世界"，他认为"思想的新世界虽然不能具体看见，却在冥冥之中影响着我们"，并且洞察到"新思想正在改变政治学和经济学这两大古老的科学"。欧洲的近代正不断显示出可以被客观把握的明确特征，在这种情况下，正如马克思寻求与之相适应的新经济学一样，白芝浩也怀着同样的目的意识摸索一种新的政治学。

以自然科学为典范

　　跟马克思一样，白芝浩也以最具"近代"显著表征的自然科学作为其新政治学的参考对象，并将之称为广义的"物理科学"。他认为，这意味着"对外部自然细致入微的系统研究"，也可以称之为"自然学"（A Study of Nature）。他阐述道："以这种已经确立的自然学为基础发现新材料、新事物的想法，在早期人类社会中是不存在的，这仍然是少数欧洲国家所特有的近代观念。"他还认为，作为古代最重要的知识分子的苏格拉底是反自然学的，因为苏格拉底认为自然学会产生不确定

沃尔特·白芝浩

性，不会增进人类的幸福。对白芝浩来说，"自然学"是知识世界区分"近代"和"前近代"的最大指征。

在白芝浩看来，"自然学"通过以 18 世纪的牛顿和 19 世纪的达尔文为代表的关于物理性和生物性自然的划时代理论，开辟了"近代"。在《自然学和政治学》(*Physics and Politics*, New Edition, Kegan Paul, Trench, Trubner & Co., Ltd., 1872.)[1] 一书中，白芝浩期待"自然学"所承担的任务由政治学来完成，因为政治学是以"政治的自然"——也就是与"外部自然"相对的"内部自然"，即"人的自然"为对象的。这是在政治学领域打开"自然学"的新维度，试图

---

1 白芝浩:《物理与政治》，金自宁译，上海三联书店，2008。本书为协调上下文，方便读者理解，行文中采用日译书名《自然学和政治学》。——译者注

确立一种建立在强化"政治的自然"，并成为其发展动力的"自由"基础之上的政治，即"基于讨论的统治"。这是白芝浩最基本的"近代"概念。这部著作的副标题是"有关政治社会中'自然淘汰'和'遗传'原则的应用考察"，如其所示，白芝浩试图运用达尔文在自然学领域创造的进化论，来解释政治的进化——也就是近代化。事实上这种尝试在此书中也并不少见，但我认为，比起这一点来，揭示与已经成为"近代"路标的"自然学"相对应的"政治学"本身的理论框架，才是白芝浩的真正目的。

另外，根据丸山真男的研究，将构成日本"近代"特征的核心学科领域视为"（数学的）物理学"，并将之置于旧体制下的正统学科"伦理学"的对立面的，正是福泽谕吉。这是丸山关于"福泽'实学'的转变"（1947）一文中提到的命题（丸山真男：《丸山真男集》第三卷，岩波书店，1995。），这跟白芝浩在《自然学和政治学》中所提出的命题基本一致——或许福泽深入阅读过《自然学和政治学》。

两人的"近代"

马克思和白芝浩就这样同时把"自然学"视为最典型的近

代学科，并以之为榜样、用体现最前端的近代现实的英国近代历史事例为主要素材，探索了政治学以及经济学领域的"近代"。但是，两人的"近代"概念却有着显著的差异。虽然两者都重视政治与经济的关系，但白芝浩是在英国的国家构造得以运行的"实践"中枢——政党内阁的出现中，寻找英国近代的历史意义；而马克思则是通过对商品及其价值的分析，抽出资本的逻辑，并以之来说明"近代"。也就是说，白芝浩是以政治体制的变化为重点揭示了"近代"的概念，而马克思则是以资本主义的成立为重点来对"近代"进行阐释。

另外，马克思重视被商品化的劳动力主体——无产者的政治能动性，并期望无产者能在紧随"近代"资本主义生产方式而到来的"近代"以后的新型生产方式及相应社会的形成中，起到主导性的作用。白芝浩则更为重视以传统议会制下的政党为基础建立的"内阁"（The Cabinet）的政治能动性，并以支持和完善内阁为主要缘由，肯定了唤起对体制的敬畏和恭顺的"尊严部分"（女王及上院）的作用，以及在这种作用下被滋养的被统治者的被动性。白芝浩的"近代"概念，如下文所述，是以形成"基于讨论的统治"为主要因素，比起迅速的行动力，更重视寻求使之缓和与镇静的深思熟虑的"被动性"。

前近代与近代

　　白芝浩的"近代"概念究竟是什么？笔者将尝试对它的历史由来进行深入挖掘。对于白芝浩的"近代"概念而言，重要的是其与"前近代"的关系。对于白芝浩而言，"近代"与"前近代"之间有断绝和连续，"近代"在否定"前近代"，并从与之断绝之处得以成立的同时，也是通过复苏"前近代"的某些要素而出现的。被"近代"所断绝的"前近代"要素，即固有的"习惯性统治"，与作为近代特征的"基于讨论的统治"并不相容。不过，与"习惯性统治"相对立的"基于讨论的统治"的先驱形态，也曾出现在"前近代"的古希腊。根据白芝浩的研究，从希罗多德（约公元前 480 年～约公元前 425 年）开始就已经进入了"讨论的时代"（The Age of Discussion）。他指出，希罗多德在那个时代的希腊就已经"聆听了无休止的政治性讨论"，"在他的著作中可以看到诸多抽象的政治论萌芽的痕迹"。到了修昔底德（约公元前 460~公元前 400/396 年）时代，讨论的成果空前丰富起来。在柏拉图、亚里士多德等顶尖哲学家著述的每一页，都留下了他们所生活过的"讨论的时代"那丰富而又难以磨灭的印记。至少对他们而言，贯穿"前近代"的"习惯性统治"已经被全面破坏。

"前近代"的这种"基于讨论的统治"传统，除了雅典所代表的古希腊之外，也被古代罗马、中世纪的意大利诸共和国、封建欧洲的各共同体、身份议会等所共有，具有特殊的影响力。它们的这种影响力都来自它们各自所拥有的"自由"。在那里，后来集中于国家手中的"主权性权力"（Sovereign Power）被分割，讨论在各权力主体间进行。据白芝浩称，这是与政体的形式并无关系的所谓"自由国家"（Free State），是使"近代"产生"基于讨论的统治"的"自由"的历史性延续。在这一意义上，就欧洲而言，其古代史和中世纪史大概也可以作为近代史的一部分。

同样是以欧洲的政治传统为前提，与白芝浩相反，也有学者强烈主张主权本质性的不可分割。那就是在白芝浩的《自然学与政治学》问世的100多年前，出版了《社会契约论》的让－雅克·卢梭（1712~1778）。在文中，卢梭认为：即便国家中包含诸多城市，其主权也是单一的，如果分割则必然导致毁坏。(卢梭:《社会契约论》,桑原武夫、前川贞次郎译,岩波文库,第三辑第十三章"主权怎样得以维持"。)然而,卢梭并不是否定了"基于讨论的统治"。卢梭是根据古希腊和古罗马的历史先例,从国家成立产生主权的过程中,为"基于讨论的统治"找到了证据。卢梭把主权与"一般意志"(volonté générale)一体化,将"基于讨论的统治"等同于既产生于所有的"特殊意志"又超越所有的"特殊意志"的"一般意志"。最能体现无法被任何东西(无论是某种特定的"特殊意志",还是作为它们总和的"全体意志")所代替和代表的、绝对的、普遍的"一般意志"的东西,除了"基于讨论的统治"外,大概也别无他物了。不过,也许可以认为:相对于白芝浩以"自由国家"为媒介,提出了更富有历史性、更为曲折的"基于讨论的统治",卢梭则以"一般意志"的逻辑为基础,推导出了一个更为哲学的、直线的"基于讨论的统治"。

使"基于讨论的统治"得以成立的因素

英国的国家构造,具有白芝浩所说的"自由国家"的特征。体现这一点的,就是国王的咨询机构,即由原来的大封建领主组成的行政机构——御前会议发展来的议会。它是出于国家统治(特别是课税)的需要,由能够代表贵族以及其他非贵族等级利益的协议机构发展而来的。议会反映了英国阶级构成的多元化，如果没有议会，国王就无法调配统治国家的资源（特别是财源）。这就必须承认少数者拥有获得利益的权利——以这种"宽容"为前提，"基于讨论的统治"和"基于同意的统治"由此而生。白芝浩这样说过：

> 英国的国家建构的历史……事实上是在古代政治体中的非贵族人民与其他要素之间形成的错综复杂的历史。人民这一要素虽时弱时强，却从来未曾根断过。虽有变动，但这种力量始终很伟大，如今已完全占据支配地位。这种要素成长的历史，就是英国人民的历史。围绕这一国家构造及其内部的讨论，以及由此而来的争论和对于真正结果的争论，最大限度地训练了英国人的政治知性。[1]

也就是说，在白芝浩的历史认知中，"前近代"以来围绕英国国家构造的反复讨论，不断强化了"基于讨论的统治"。或许可以说白芝浩的《英国宪制》一书本身就是对"基于讨论的统治"所做的一种里程碑式的讨论。

---

1 *Physics and Politics*, No.V, The Age of Discussion, pp.175–176.

因此，白芝浩的这一考察就包含这样一层意思，即任何国民都不可能在一日之间催生出"基于讨论的统治"。足以推动政治的高质量的讨论，必须经历各种质疑和不断被验证的过程才能成立。而且，这需要以长时间施行具有一定水准的"基于讨论的统治"作为前提。以"基于讨论的统治"为最重要指标的白芝浩的"近代"概念，之所以将传统和习惯作为赋予人的行为以动机的主要因素加以重视，其理由之一也在于此。白芝浩并不赞同与其同时代的功利主义的人生观，他对自由于传统与习惯的人们对自己的利益具有认知能力这一观点表示怀疑，也不认为人们能够把握并操纵这种认知能力，并以自身的利益为其行动的发条。这一点与卢梭在《社会契约论》中的叙述有共通之处。

　　一般意志常常是正确的，但通往它的判断，却未必总是明智的。必须使一般意志看清对象本来的面目，以及它有时可能会呈现的表象，为一般意志指明它所追寻的正确道路，避免它受到个别意志的诱惑，使它的目光能看清空间和时间，使它对眼前清晰可见的利益的魅力和遥远的不可视的祸端的危险进行比较掂量。个人理解幸福，却拒之门外；公众渴望幸福，却视而不见。这两者都需要得到指

导。（同上，第二卷第六章）

根据卢梭的观点，贯穿在"基于讨论的统治"中的"一般意志"，必须摒弃白芝浩所说的"传统和习惯"才能被启蒙。

西方和东方的断裂

如上所述，对于产生于欧洲的"基于讨论的统治"，白芝浩强调其"前近代"和"近代"的连续性，并有意无意地把超越时代的欧洲文明的一体性当作前提。在这一点上，白芝浩强调了西方和东方文明的断裂，并指出了"现存于东方旧的习惯性文明与西方新的变动性文明之间最大的反差"。对白芝浩来说，与作为西方文明之代表的英国相对立的，是当时被英国殖民地化了的印度。为说明英国殖民统治下的印度原住民是怎样理解这一状况的（"印度原住民是否认为英国在做好事"），白芝浩引用了在印度当地实际管理殖民事务的"英国最有能力的官僚们"报告中的一节。

毫无疑问，英国政府给予了印度人很多重大利益。英国政府给印度人带来的是持续的和平、自由贸易、依照法律自由生存的权利，等等。从这些方面来说，印度人应该处于前所未有的满足状态之中。然而尽管如此，印度人仍然无法理解英国政府。英国政府不断的改革志向，或者说英国政府所谓的改良志向令印度人感到困惑。印度人固有的生活方式，在所有方面都受到其古代习惯的约束，因此他们无法理解不时带来新事物的政策。他们丝毫也不相信在这些政策的深处寄托着使他们生活舒适幸福的愿望。不仅如此，他们甚至认为英国政府图谋着某种不为他们所知的东西，英国政府企图"取消印度人的宗教"，一言以蔽之，他们坚信所有这些持续性改革的最终目的，是否定印度人的现状和愿望，是要带给他们某种新的、与现状截然不同的、与他们的愿望背道而驰的东西。[1]

这里包含着这样一个命题：从"东方旧的习惯性文明"向"西方新的变动性文明"的推进，即从"前近代"向"近代"的世界性规模的推进，将通过西方文明对东方文明的殖民来实现。白芝浩相信这一命题的真实性。产生于英国，以"基于讨论的统治"为指标的"近代"概念，同样也包含了主要由英国

1　*Physics and Politics*, No.V, The Age of Discussion, pp.156–157.

推动的殖民这一"近代"概念。

　　这种东西文明对立的图景——由西方来定位东方的东方
情调的图景——摇身一变,成了虽属东方国家、但却希望被
定位为西方国家的日本,试图逐渐将其对东亚近邻发动殖民
统治这一行为正当化的主要原因。中日甲午战争是日本进行
殖民主义战争的开端,这场战争被政府当局以及先进的知
识分子们,赋予了东方之"野蛮"对决西方之"文明"的
意义。

日本的传统中所欠缺的东西

　　上述图景是西方对东方的意识的体现,它的意识形态性质
是显而易见的,但不见得就是一种欠缺客观意味的虚伪意识。
正如白芝浩所指出的那样,着眼于是否存在"基于讨论的统
治"这种传统,并以此来区分东西方,也可以说是有相应历史
依据的。

　　英国历史学家乔治·桑瑟姆(George Sansom,1883~
1965)是欧美最优秀的日本历史学研究者之一,堪称此领域
的先驱者。战前他曾作为驻日本外交官在日本 30 多年,是为

数不多的日本通。战后的 1950 年 12 月，在东京大学举行
的题为"世界史中的日本"的一系列讲座中，他把欧洲（尤
其是英国）与日本进行了比较，重点分析了 1600 年以后
两国在政治发展上产生分歧的主要原因。（《世界史中的日
本》，大窪愿二译，岩波新书，1951。G. B. Sansom, *Japan
in World History*, edited with notes, by Chuji Miyashita,
Kenkyusha, Tokyo, 1956.）桑瑟姆将之归结为"自由主义"
（Liberal Tradition）的有无，特别是导致议会发达的"尊
重少数者的权利和意见的某些传统"，乃至"每个个体在某
种程度上对其他个体的意见、行动的自由的尊重"的传统的
有无。这就是白芝浩口中欧洲"前近代"的"基于讨论的统
治"的传统。桑瑟姆据此阐明了英国在政治生活中发生的变
化——从封建制度向中央集权的君主专政再向议会政治的变
迁。在 16~18 世纪，这种政治上的发展，不仅发生在英国，
荷兰、法国等欧洲各国也都出现了，但却并不见于同时代的
日本。

对此，桑瑟姆认为这并非由于当时的日本人缺乏政治能力
和政治思想，相反，他高度评价了当时日本人的制定秩序的能
力以及对政治极富哲学深度的关注。在行政技术方面，日本人

从左起依次为乔治·桑瑟姆、南原繁、休·博顿。1949 年于美国哥伦比亚大学。(*Katharine Sansom, Sir George Sansom and Japan: A Memoir*, The Diplomatic Press, 1972.)

比其他国家的国民更为卓越，在政治哲学的探索上也是同样出色。桑瑟姆称："德川将军时代的政治，无论从哪一方面看都是秩序和纪律的奇迹，博得了有幸目睹它的少数外国人的诸多称赞。"他认为，德川统治体制下的政治的确有严苛的一面，但同时代的英国政治也是一样的。

但是，日英两国的政治有着决定性的差异。英国有着自由主义的传统，特别是其主要要素"尊重个体"具有极大的影响力，而日本则没有这样的传统。这是因为，英国为了维持国王的权力而导入了"基于讨论的统治"这一要素，而日本则很可能没有必要诉诸这种手段来维持将军的权力。英国的国王权力与各种有力的对抗势力之间关系紧张，却又在财政上对这些势力有极强的依赖性。作为维持权力的代价，必须赋予这些对抗势力以自由，有时甚至要赋予个人以自由，因此也就无法回避使这种交易和妥协成为可能的议会政治。与之相反，日本直到幕末开国，认识到有必要在政治决策过程中导入"众议"以便引起一定的体制变革之前，将军权力中从未产生"基于讨论的统治"构想的萌芽。

　　总之，日本的中央集权统治并不存在像英国的宗教势力一样有力的对抗势力，而英国的中央集权统治则必须要接受来自包括宗教势力在内的强硬对抗势力的不断挑战。可以认为正是这种统治力度的差异造成了两国"前近代"和"近代"在政治发展上的本质性差异。

"国民形成"的条件

　　但是，白芝浩并没有忽略"前近代"的指标"习惯性统治"对于"近代"的形成具有的巨大历史意义。他认为"习惯性统治时代"是通往"近代"的"预备性"时代，虽然自由和创造性受到压抑，但从反面来看，这是奠定国民国家基础的"国民形成"时代。在法律化的强力习惯之下，通过模仿和排除形成了地域集团成员的同一性（国民性）。在具有将习惯规范化的政治实力的集团内部，驱逐不赞同者、保护和报偿赞同者，不赞同者减少了，赞同者增多了。在这一过程中，大部分成员通过相互模仿，在彼此间形成一贯的、共通的性格。白芝浩说，"斯巴达人的国民性得以形成的原因，就在于不具备斯巴达式精神构造的人根本无法忍受斯巴达的生活"。换言之，如果没有法律化了的固定习惯对人们进行约束的话，那么地域集团就无法成为真正的民族。能使民族得以存续的，正是保证民族同一性的习惯规范的固定性。

白芝浩说，促进民族形成的主要条件，就在于对外的"孤立"。他做了如下说明。

作为一个事实问题，任何一个伟大的民族，都会不为人知地自行做好登场的准备。这些民族由于远离所有外来的刺激而得以成立。希腊、罗马、犹太，都是各凭一己之力而建立起来的，对其他人种和语言集团的反感是他们最显著的特征之一，也是他们之间最大的共性。……因此与外国人的交流，破坏了各国造就其固有国民性的原有的各种规范。这就成为共同意识薄弱、行动散漫而不安定的原因。不信仰宗教一旦被普遍允许，那么宗教习惯所具备的约束性权威的崩坏以及社会纽带的断裂将会在现实中有所体现。[1]

这一点在日本体现得最为典型。因为日本就是在政策和战略上的"孤立"中进行了"国民形成"，而放弃"孤立"路线就意味着破坏作为体制原理的"习惯性统治"。

1　*Physics and Politics*, No.VI,Verifiable Progress Politically Considered, p.214.

在"习惯性统治"下进行的"国民形成",产生了人类的进步所需要的多数人之间的协作。集团成员间这种内发性的协作源于彼此之间的相似性,民族以及部落的重要作用就在于此。白芝浩称之为"世袭的协作集团"(Hereditary Co-Operative Group)。

"近代"的历史含义

这种由习惯所支配的"荒凉、单调而漫长的时代",对人类而言并不是失去的时代。它是开秩序之端绪、筑国家之根基所必需的。但是,在改造过去世界的过程中带进来的习惯,成了妨碍人类进步的桎梏。因为"习惯性统治"将会约束人类的自由并使人的独创性停滞不前。终结这样的世界,把人类从这种"习惯性统治"下解放出来,就是"近代"的历史意义。白芝浩把它归结为一个命题——"基于讨论的统治"的确立。

白芝浩认为,怀着将某个主题付诸讨论的目的来进行讨论,这本身就是承认了该主题是无法依靠既有的规范来解决的,也即承认了社会集团所应遵循的神圣权威的缺席。单一或是众多的主题一旦都付诸讨论来解决,那么讨论将会习惯化,既有习惯所具有的神圣符咒般的力量也终将解体。白芝浩说:

在近代人们经常说："民主像是坟墓，只取不予。"其实这种情况对于"讨论"来说也是一样的。某个主题一旦被实际付诸讨论，那么就已无可挽回。它再也无法伪装神秘，再也无法被封存于神圣的领域。它将永远地被开放在自由的选择面前，暴露在辱没神圣的讨论中。[1]

复杂的时代被动性

白芝浩认为，在目的－手段这一连锁机制极为复杂的近代社会中，人们为了能够采取正确的行动，需要更多的时间。"我想说的是，让大量的时间'横卧在阳光之下'的这种长期的'单纯的被动性'。"[2]他指出，以物理学为首的近代自然科学的诞生，是由那些被同时代者称为梦想家的人、因为关注了无法引起同时代者兴趣的东西而被嘲笑的人、谚语所说的"看着星星掉到井里的人"、认为是无用的人带来的。[3]他将这种富有创造性的"被动性"跟"单纯的行动力"——过剩活动和即时行动相对比，认为它在"基于讨论的统治"的形成中起到了重

1　*Physics and Politics*, No. VI, Verifiable Progress Politically Considered, p.161.

2　*Physics and Politics*, No. VI, Verifiable Progress Politically Considered, p.188.

3　*Physics and Politics*, No. VI, Verifiable Progress Politically Considered, p.187.

要的作用。因为"基于讨论的统治"的目的就在于阻碍性急的行动、进行慎重的考虑,而它正是服务于这一目的。

而且,这种"被动性"是在"基于讨论的统治"下进行讨论的积累中酝酿而成的,白芝浩认为对于取代了"前近代"这一"单纯的时代"的"复杂的时代"——"近代"来说,在英国史上更重要的不是在绝对领袖克伦威尔的速断速决之下的敏捷行动,而是为了导出结论容许进行长时间讨论的多数的、多样的人们的"被动性"。白芝浩之所以认为"基于讨论的统治"对于复杂的"近代来说是最适合的政治形态",原因就在于此。

对于"基于讨论的统治",同时代的英国人中有人提出了尖锐的批评。这些批评者们用"委员会时代"等词语形容"基于讨论的统治"抬头的这一时代。他们刻薄地嘲讽"委员会"无所事事,一切都在闲谈中蒸发得无影无踪。他们最大的敌人当然就是"议会政治",白芝浩举例说历史学家卡莱尔(1795~1881)就曾将之命名为"全民胡扯"(National Palaver)。另外,"会战不能由辩论部来指挥"——对于同时代的著名政治家、著述家麦考莱(Thomas Babington Macaulay, 1800~1859)的这一警句,白芝浩也肯定其恰当性。他承认，"依然还有其他许多种类的行动，需要单独的、绝对的将军"。

然而，白芝浩认为，"近代"已经不是"可以由克伦威尔这样的人物重新统治英国的时代"，也不是"一个热情、绝对的个体，实施其他无数热情的人们想要做的事情，并可以立即执行的时代"。他说："现在不光是委员会、议会，任何人都不能以迅速的决定来采取行动。"他希望这种时代倾向是具有事实根据的真实情况，"之所以如此，依我看，那是因为它证明了前近代所遗传下来的野蛮冲动正在走向腐朽、毁灭"。也就是说，在白芝浩看来，那是因为作为近代标识的"基于讨论的统治"，是克服了"前近代"的特征——冲动的行动至上主义的结果。近代的政治形态因此得以变身，思考（熟虑）变得比行动更为重要，在这种意义上，比起性急的能动性，静谧的被动性具有了更多的价值。近年来经常被人提起的"审议式民主"（Deliberative Democracy），其实也是由此而来。

近代情绪的激发

"习惯性统治"以及在它的支配下所固化的阶级构造被打破后，从以家族为基本要素的等级身份下解放出来的个人自由，以及基于这种自由的选择领域都会被扩大，从"等级身份"的时代变为"选择"的时代。众所周知，与其同时代的历史学家亨利·梅恩——他对白芝浩历史观的形成影响颇深——曾把这种变化概括为"从等级身份向契约的转移"。

这种被图景化的近代化，使在固化的"习惯性统治"下一直遭受压抑的、潜伏在前近代深层的情绪喷发而出。那是一种对原始社会的突然性回归——不允许讨论，人们一味地为迅速行动的情绪所驱使。白芝浩把它称为"返祖"（Atavism）。根据他的理解，在法国大革命时出现的残酷恐怖场面，是人性被隐藏和压抑的一面的表露。随着旧体制的破产、压抑的消失，人们突然被给予了选择的自由时，它便沿着秩序和自由的间隙浮了上来。但是这种"人类过剩情绪的激发"却无法单纯解释为"原始社会野蛮性格"的再现。"即使是法国人、爱尔兰人这样高度发达的人类种群，陷于困境时也几乎是无法自持的。他们似乎也会委身于瞬间的激情以及当下念头的决定，随波逐流到任何地方。"白芝浩这样说。

"基于讨论的统治"的条件

白芝浩面临的问题是，当国民性从"习惯性统治"下解放出来，拥有了更多的自由和选择的机会时，什么样的统治才能够维持适合这种状况的秩序？对白芝浩来说，"近代"的问题意味着自由和秩序的并立，他的"近代"概念就是以解决这一问题为目标的。出于这种目的意识，"基于讨论的统治"占据了"近代"概念的核心。它是在"前近代"中孕育、发展，并取代了"习惯性统治"这一"前近代"的统治原理，作为"近代"的统治原理从"前近代"那里继承并确立起来的。

白芝浩认为，最先打破"习惯性统治"，实现了从"等级身份"的时代向"选择"的时代变化的，即最先实现近代化的国家，是那些在政治形态上大幅度的、并随着时间推移而越来越接近"基于讨论的统治"的国家。白芝浩确信，"任何国家如果不能进行基于讨论的统治，就无法成为一流的国家。"在那些国家，对于共同的行动、共同的利益而进行的共同的讨论成为其变化和进步的根源。因此，讨论的主题比起具体的政策论，应该更倾向于抽象的原则论。因为"基于讨论的统治"的力量取决于讨论的对象的分量。白芝浩认为，具体的政策论虽然可以增大语言的活性，强化辩论的才能，培养赢得听者信赖的态度和表情的能力，但是它"并不能唤起思辨的知性，无法让人阐述思辨性的教诲，也无法使人对古代的各种原则提出质疑",反过来说,"基于讨论的统治"之下的自由讨论不仅会扩大单纯的政治自由,也会扩大知识自由、艺术自由。白芝浩认为,从伊丽莎白时代以后的英国历史上,文艺、哲学、建筑、物理学所取得的成就中,应该也能读取到"讨论的力量"。他认为,"近代"宗教的影响力也跟讨论的影响力有一定的关系。

"基于讨论的统治"的影响力也波及政治以外的各个领域,关于这一任务的承担者的资质,白芝浩称之为"灵活的中庸"(Animated Moderateness),并在文学天才们的作品中找到了具体表现。他举出了荷马、莎士比亚,甚至沃尔特·司各特的例子,并对他们作品中的"灵活的中庸"做了如下叙述。

> 如果要问那些天才、伟人的著作是怎样区别于其他人的,那应该用同一句话来回答,就是他们都具有"灵活的中庸"。这样的著作绝不缓慢、绝不过量,也绝不夸张。这些著作通常都充满了判断力,但这种判断力并不迟钝。它们具有造就野性的作者的活力,但这些文章每一行的字句都是由正常而稳健的作者所创作的。[1]

1　*Physics and Politics*, No. VI, Verifiable Progress Politically Considered, pp.200–201.

白芝浩在这里发现了"生命力与均衡、活性与适当的结合"。那是在文艺领域出现的肩负"基于讨论的统治"的资质。他认为，这种"富有前进性的、充沛的能量，却明白该止于何处"的资质是英国人所共有的，他把这种"张弛有度的结合"作为解释英国在世界上取得"成功"（即英国的"近代化"）的依据。

近代化的两种推动力

白芝浩把英国近代化的主要推动力归为"基于讨论的统治"和承担这种统治的国民性。以英国史为主要素材而构建的白芝浩的"近代"概念，以"基于讨论的统治"为主导概念也是当然的。但是，他也认为在变革"前近代"的"习惯性统治"中发挥作用的，并不仅仅是"基于讨论的统治"。他指出存在以下两个要素：

> 事实上，带来如此巨大的结果的，并非仅有讨论的影响力。无论在古代还是近代，其他力量都在协助讨论的影响力。例如贸易的贡献巨大，因为它把明显具有不同习惯和不同信念的人们置于密切相关的近邻关系之中，并帮助这些人们改变了他们原有的习惯和信念。殖民是

另外一种影响力。殖民使人们在那些人种不同、习惯不同的原住民中间定居下来，对于这些殖民者们，一般并不过度严格地要求他们选择自身的文化要素。殖民者们与当地有用的集团、有用的人们一起生存，他们不得不对这些文化要素进行 "选择"，即便原住民的祖先的习惯或许跟殖民者自身的习惯并不一致——甚至事实上他们或许是正相反的。[1]

如上，白芝浩紧紧抓住 "贸易" 和 "殖民" 作为 "习惯性统治" 的变革要因，正是在这个意义上，他把这些作为 "基于讨论的统治"，也就是近代化的促进要因来关注。但是，同时代英国的 "贸易" 中，也具有后世的经济史学家称之为 "自由贸易帝国主义" 的一个侧面，即通过与后进国的不平等通商条约，为对方国家设置关税、领事裁判权等不利的通商条件，通过扩大自由贸易来追求不正当收益的方法。另外，与白芝浩所强调的与 "殖民" 相伴而来的文化变形，并不是殖民者尊重原住民文化的结果，而是殖民帝国进行政治性、军事性、经济性统治的结果，这也是不争的事实。

1　*Physics and Politics*, No. VI, Verifiable Progress Politically Considered, p.177.

但是，尽管如此，白芝浩在 19 世纪后半叶提出的关于以英国为中心的欧洲的"近代"概念，对于思考以之为"模板"的、在同时代起步并取得进展的日本"近代"的形成所具有的特质，还是有其意义的。

本书的课题

本书将在重视政治和经济的关系的基础上，关注使日本形成近代国民国家的政治向心力，是经谁人之手、为何以及如何形成的。参照上述《自然学与政治学》所提出的白芝浩的"近代"概念，尝试阐明日本"近代"的特质。白芝浩的"近代"概念，是以"基于讨论的统治"为中心，以"贸易"和"殖民"为系列概念而组成的。参照这一概念，对于在东亚地区最早创造出自己的"基于讨论的统治"、最早构筑了自己的"资本主义"、建立了最早（且或许是最后）的殖民帝国的日本——它的"近代"的含义，将在以下各章进行探究。

第一章将考察作为日本的"基于讨论的统治"的议会制以及其下的政党政治，是为何以及如何成立的。在这里，将提出这一问题：幕藩体制下的"习惯性统治"崩坏，孕育了"公议舆论"，那么在"公议舆论"的要求下出现的议会制和在明治宪法下严格的权力分立制中，为何以及如何产生了东亚罕见的多党制度。这个问题对日本政治的近代化来说，是最为本质的重要问题，却从未被恰如其分地考察过。

第二章将考察白芝浩视为 "基于讨论的统治" 成立的划时代标志、近代化推动力之一的 "贸易" 问题，并将此问题扩展为为什么在日本形成了资本主义。这是涉及日本近代独立的经济结构如何形成的问题。

第三章将考察白芝浩视为近代化另一推动力的 "殖民"，是为何以及如何在日本得以推行的。这是作为日本近代化外延扩大之结果的帝国，其结构如何形成的问题。

第四章把白芝浩的 "近代" 概念中几乎没有登场的君主制，作为日本近代的问题提出来，即日本近代的天皇制是什么。天皇制对日本近代来说不仅是政治结构的问题，更是高于其上的精神构造的问题，因此尤为重要。

本书将从第一章到第四章，对这些问题进行历史性考察，确认现今日本所处的历史位置，并对日本近代进一步进行综合性考察。本书的课题，就是参照白芝浩提出的欧洲的"近代"概念，通过对欧洲化的实验结果之一的日本"近代"进行问题史的考察，寻找把握日本"近代"概念的线索。

第一章

为什么日本形成了

政党政治

1　围绕政党政治成立的疑问

关于政党政治崩坏原因的疑问

从战败后到 20 世纪 60 年代前期，对于研究日本政党政治的学者们来说，主要问题在于《明治宪法》下的日本政党政治何以如此短命。战前政党政治的发展，经历了从大正后半期到昭和初期约八年的时间，也就是从 1924 年（大正十三年）基于众议院选举最终结果，由众院多数派的三派联合成立加藤高明内阁，至 1932 年（昭和七年）因为"五·一五事件"，犬养毅政友会内阁倒台的八年时间。

在日本战败后的这一时期，占据主流的是通过与在纳粹主义的攻势下瓦解的德国魏玛共和国的历史进行比较，寻找日本政党政治崩坏的原因。例如，冈义武的名著《德国民主的悲剧》（弘文堂雅典娜文库，1949。文春学艺文库，2015 年重版。）就是基于这种问题意识的作品。"对于今天的我们来说，与其为曾经发生在德意志的民主政治的不幸实验动摇，倒不如对它进行思考。"从该文结尾的这段文字当中透出了作者的这种问题意识。

这个问题即使在今天，或者说正是在今天才是非常重要的问题。但是在这之前，我认为有必要提出的问题是，日本为什么形成了多党制？

关于政党政治成立的理由的疑问

多党制的建立和发展，即使在世界范围内来看也不能说是一种普遍现象。在近代东亚，正如中国、朝鲜王朝（1392~1910）统治时期的韩国所显示的那样，毋宁说多党制是极其例外的情况。那么，为什么它在日本却能够成立？特别是在反政党内阁的《明治宪法》下，政党内阁为什么能成立？这是一个非常重要的问题。

再进一步，也许应该上溯到为什么日本能够导入立宪主义这一问题来考虑。这里所说的立宪主义是指一种基于制度性保障的政治原理，它包括构成近代宪法实质的议会制、人权保障、权力分立制等可以抑制政治权力恣意行使的制度。在这一点上，虽然有一定程度的差距，但《明治宪法》具备与近代宪法共通的实质，这成为近代日本立宪主义的依据。实际上大正初期在《明治宪法》下曾兴起过反政府运动性质的护宪运动，当时为其正当性提供理由的，正是要求"宫中"和"府中"（政府）各自为政，提出主张权力分立的立宪主义。当时批评政府的口号中称其"非立宪"正是由此而来。在这一意义上，立宪主义是《明治宪法》下的体制原理，但《明治宪法》下的立宪主义，却并没有迅速与政党政治结合起来。考察《明治宪法》下的立宪主义和之后成立的多党制具有怎样的逻辑性、历史性关联，对于现在以及将来日本的政党政治都是非常重要的。

从 20 世纪初到魏玛共和国的初期，德国社会学家马克斯·韦伯度过了其罕见的学术生涯，写成了名著《以政治为职业》（1919），对魏玛共和国的政党政治的现实，反复进行了严厉的批判。他带着为什么资本主义在欧洲，并且仅仅是在欧洲得以实现的问题意识，做出了一番透彻的考察，写成了《新教伦理与资本主义精神》（1905）。带着同样的问题看待日本政党政治的形成，并对其进行考察，对于追索日本近代的含义不是非常必要的吗？

围绕日本立宪问题的疑问

为了弄清日本政党政治的成立过程，有必要从以下两个侧面来考虑作为其前提的日本立宪主义究竟为何物。第一是围绕权力分立制的问题，第二是围绕议会制的问题。第一个问题是为什么日本导入了权力分立制，它使《明治宪法》下的政治具备了什么特征。作为过去的现实政治问题，经常被提及的所谓参众两院扭曲的现象，实际上在《明治宪法》下的政治中也经常见到。在当时的贵众两院（贵族院和众议院）也一直存在扭曲现象，这是《明治宪法》下的日本政治不稳定的要因之一。贵众两院的权力并不对等，贵族院始终占据优势地位。贵众两院始终扭曲的重要原因，可以说就是《明治宪法》下以两院制的形式贯穿始终的权力分立制。总之，《明治宪法》下的贵众两院制是作为美国上下两院制体制原理的权力分立制的体现。在制定现行宪法的过程中，日本一方甚而与占领国方面相抗，努力想保留有贵族院的两院制。在这一意义上，可以说现行宪法下的权力分立制中，明显含有与《明治宪法》下的权力分立制相关的要素。

第二是日本为什么形成了议会制的问题。对于《明治宪法》下的议会制有各种各样的评价，例如福泽谕吉就把《明治宪法》下的议会制定义为具有本质性意义的重要的东西。

距今近半个世纪之前，笔者曾有幸与奠定了日本政治哲学以及战后日本教育体制基础的、当时政治学界最富经验学识的长者南原繁有过对话的机会。记得当时，他曾向笔者发问，说像福泽谕吉这样的人为什么没有对《明治宪法》持批评态度？

他以前就觉得非常不可思议。南原繁出生于 1889 年（明治二十二年），正好是《明治宪法》颁布的那一年。

南原繁在学问上的老师小野塚喜平次是一位政治学家，昭和初期曾任东京大学校长。他在《明治宪法》发布时，是接受过此前的自由民权运动以及福泽谕吉思想影响的第一高等中学（旧制第一高等学校的前身）的学生。据他自述，因为对新颁布的宪法内容非常失望，他曾去马场辰猪的墓碑前参拜。（《冈义武先生谈话笔记》，1978 年 10 月 9 日，收录于《冈义武伦敦日记 1936~1937》，岩波书店。）马场辰猪是过去自由民权运动的理论指导者，在此前三个多月客死美国费城。[1]

马场辰猪也是一个因受到福泽谕吉的熏陶和鼓励而决定了前进方向的人。后来，福泽谕吉曾于 1896 年（明治二十九年）亲自出席过在马场辰猪的墓碑前（现今依然位于谷中墓地）举行的八周年纪念活动。但是，从福泽谕吉本人对《明治宪法》所规定的议会制的理解来看，不能否认他对于《明治宪法》的颁布是给予了高度的评价的。

1　马场辰猪葬于美国费城，在东京的谷中墓地亦有一块墓碑。——编者注

福泽谕吉在其主办的《时事新报》上亲笔写的社论内容显示，他认为国会的开设对于日本立宪政治来说具有重要意义。他指出，开设国会即立宪政治，言论自由是这种政治的本色，只要日本国会不侵犯皇室的尊严，那么就具有对任何事情进行议论和阐述的自由，舆论自由丝毫都不应受到限制。福泽谕吉认为，由于议会的确立，基于言论自由的政治——即在序章中提到的沃尔特·白芝浩所谓"基于讨论的统治"的基础也在日本确立起来了。

《明治宪法》实际上的实施，是与1890年（明治二十三年）11月25日召开首次帝国会议、11月29日举行帝国议会第一次开院典礼同步进行的。从这一事实来看，可以说将《明治宪法》下的议会制作为《明治宪法》的本质部分来定位，是立法者的意图所在。

带着以上两个问题，本章将考察为什么多党制会从《明治宪法》下的权力分立制和议会制中产生出来。毋庸多言，权力分立制及议会制与多党制之间有一定距离，多党制不能说是权力分立制及议会制的必然产物，因此这一问题有思考的必要。

2　幕藩体制下的权力制衡结构

明治国家的旧秩序

在考虑日本为什么导入了立宪主义时，或许应该考虑到日本所具备的能够接受相应程度立宪主义的特定历史条件。更具体地来说，应该考虑到对明治国家来说，在幕藩体制的旧秩序、旧体制中已然相应程度地具备了使之能够接受作为明治国家框架结构的立宪主义的条件。

19世纪法国杰出思想家亚历克西·德·托克维尔曾留下一部充满真知灼见的著作——《旧制度与大革命》(1856)。托克维尔在书中曾明确提出这样的见解，即法国大革命后所出现的体制，实际上在旧体制的内部发展中就已经准备好了。旧制度与大革命，在日本对应的是幕藩体制与明治维新，当然它们之间是存在断裂的，但是在这种断裂之外，是否存在某种能够确认其连续性和发展性的主要因素，对此应该尝试模仿托克维尔进行思考。

基于合议制的权力制衡

首先，应该注意到，作为幕藩体制的政治特质，一种可以称为权力的相互制衡结构的东西已经具备，并成为铺垫明治维新后的新体制的重要因素。具体来说，在幕藩体制下有一种用于决定政策的重要制度——合议制。幕府的决策机构包含以下成员：老中四至五人、若年寄三至五人、大目付四人、目付十至三十人、寺社奉行三至五人、町奉行二人、勘定奉行四至五人，由这些人员共同参与承担各自职务权责。这种由负责同一职务的数位要员来进行幕府政策决策的合议制，事实上一直在运行。

为什么幕藩体制能够具备这种合议制呢？其原因恐怕是为了防止辅佐将军的特定人员或特定机构以此为据点，将权力向特定的势力集中。另外，这种合议制还跟一种为期一个月的短期勤务轮换制度——月番制相重合。也就是说，通过合议制以及月番制来抑制权力集中，这种构造是幕府的政治特质，或者应该说是一种相互抑制权力的均衡机制。

关于合议制，马克斯·韦伯在其巨著《经济与社会》（1921）的一节中，提出了一个应该予以关注的观点。韦伯认为，在行政任务专业化过程中，专家变得越来越不可或缺，在这种情况下，统治者一方面需要不断利用专家，另一方面需要并在专家的优势不断增大的情势下，确保自己作为统治者的地位，而合议制就是适合这种目的意识的最典型的形式。也即，统治者通过合议制使参与的专家们互相竞争，并以此来控制他们。统治者自身也并不想因某位特定专家的个人影响而随意做出决定。这是韦伯对这一制度的目的所做的解释。

韦伯说，这种意义上的合议制，是绝对君主制在成立期的典型制度。那么是不是可以认为在幕府初期确立的合议制就是这样一种制度呢？为了确保行政的去主观性，合议制是最有效的手段。幕府初期形成的合议制，也是为了应对伴随幕府统治全国而来的行政专业化以及预想中的专家统治现象。另外，合议制也可以看成是在专业化的行政行为下，以确保将军领导权为目的、应对情况变化的一种权力的合理化。

幕藩体制下的权力分散

应该对幕藩体制的抑制均衡机制予以关注的第二点，就是权力的分散，即从制度上将基于身份、地位的名义上的权力和实质上拥有的权力相分离。

事实上，对此做出了高度评价的正是福泽谕吉。当然，众

福泽谕吉

所周知，福泽谕吉对于幕藩体制下的意识形态，特别是儒教进行了激烈的批判，对于借此而正当化的身份等级制的社会秩序更是表现出严厉的否定态度。但是，对于幕藩体制的政治特性，特别是制度化的权力分散，福泽则指出这是导致明治国家出现立宪主义的重要因素。

刚才提及的言论，福泽谕吉在开设帝国议会的 1890 年（明治二十三年）11 月 10 日 ~23 日公开发表的言论（《国会的前途》《时事新报》社论）中，对此进行了重点强调："王政维新之后仅 23 年之今日，便见国会开设，其原因存在已久，不得不说于德川之治世便已存在。"

对幕府体制的意识形态进行了那么严厉批判的福泽谕

吉，对于幕府的实际政治却给予了高度评价。他指出，幕府
政治是连接明治国家的政治结构、立宪政治、议会制的重要
因素。

　　在此福泽谕吉举出了很多例子，指出"将军的权力也因
为被朝廷平分而不得圆满"。这就是所谓的权力和权威的分
离。"这是均衡的第一项，同样的权力制衡也存在于诸侯和公
卿之间。公卿位高禄少，诸侯禄丰位卑。……德川规定了小
臣执权之制，将军一族自不必说，旧时大诸侯的同族也不许
参与幕政。""老中以政权而御大诸侯者，虽如大人之于小儿，
但及至家族的实力与地位，则遥居下位，不可心存企及之
念。""双方皆似强似弱"，老中一方看似强大，但在其所控制
的大诸侯面前却有着非常无力的一面。另外，"似愉快又似不
愉快"，老中刚要体会权力的快感，就被实际中的另一方所牵
制——其中有着这样一种机制在发挥作用。"中央之命令常得
以行，又无执政者之跋扈"，即虽然中央的命令能够很好地贯
彻执行，但实际上行使这种权力的人，在幕藩体制下却不会
出现跋扈的现象。从整个体制来看，权力的分配"可取得均
衡之妙"，这是福泽谕吉对幕藩体制下权力的实际运行所做的
评价。

下面的引用虽然略有些长，但能说明以上这种权力分配原则的细节。

诸侯制御之法，除却那权力平衡对峙竞争之策，别无他法。……藩藩相互睥睨又相互奈何不得。……处理自家内务亦不失权力均衡之旨。譬如，幕政的最高权力握于老中之手，参政的若年寄不得轻易置喙。但目付却并不隶属老中，虽在若年寄的支配之下却有弹劾老中的权力。……另外，在目付支配下的徒目付，其下另有小人目付。小人目付虽是追随徒目付执行事务的小吏，但此小吏有时却能越过徒目付直接向目付面申事务，并具有弹劾徒目付之权力。另外，派往地方之代官以及从属于町奉行的与力、同心，皆是些私下收入颇丰，过着与其身份不符之生活者，但在官吏社会等级极其低下，毫无体面。即使是管理数万石领地的代官，来到江户也颜面全无，拜谒勘定奉行，其状犹如君臣。与力同心中亦有隶属大番组和书院番组，属于武官者，虽无额外收入、常为生计所困，但其地位却遥居町方之上流，颇为自得。若细数幕府政务组织此类细节，则不胜枚举。

举之越详则越见平均主义之致密周到。[1]

"权力平衡一事数百年来乃日本国人脑中根深蒂固、代代遗传之存在"，也就是说权力平均化的机制已经成了日本政治文化的一个特征，"无人不知在政治社会不存在十全十美的春风得意"，这就是福泽谕吉的理解。

或许可以说，有必要将福泽谕吉对儒教意识形态的批判与对幕藩体制实际的政治机制的评价分开看待。

相互监视的体制

伴随着前述合议制与权力分散机制而来的这种非常精密的相互监视功能在幕藩体制中发挥着作用。幕末驻留日本的欧洲各国驻日机构的负责人，对此感到十分惊讶。首位英国公使阿礼国（1809~1897）对这一点十分关注，在他著名的回忆录

1　老中直属将军，总管政务，是幕府常设的最高官职。若年寄地位仅次于老中，管理老中、留守居、三奉行管辖以外的武士和政务，也是直属将军。町奉行与寺社、勘定奉行并称为三奉行，隶属老中，下设有与力、同心，指挥江户市内的全部行政、司法和警察事务。京都、大阪等主要城市以及各藩的城下町也设有町奉行。大番、书院番是江户幕府的常备兵力，战时编为精锐部队，平时负责城中警卫工作，其下也设有与力、同心。——译者注

《大君之都》（1863）中，他曾这样指出：在幕藩体制下"任
何职务都是双重的，每个人都是监视者，相互监视。不仅整
个行政机构是复数制（即合议制）的，而且在当地有一套基
于被完全认可的马基雅维利主义原则——牵制别人并且反过
来也被别人牵制而建立起来的最精细的体制，这种制度的
每一个细节都也已经发展得十分精密和充分"。

　　这是将相互不信任加以制度化的产物。可以说这与乔治·奥
威尔（1903~1950）在其1949年出版的小说《一九八四》中所
描绘的怪诞的反乌托邦体制有非常相似的一面。即使是将军也不
可避免被监视。将军在与女子共寝时，公认的惯例是会有一名女
性的第三人在场，一句不落地听着二人对话。可以说这里运作着
与《一九八四》体制相似的，或者说超出其上的一种终极的相互
监督功能。在幕藩体制下，将军也没有自由的人格。

　　上述暗中存在于幕藩旧体制、旧秩序中的权力制衡机制，
具体是如何与明治国家体制接轨的，还需进行其他的实证性研
究。但至少日本近代的先行者福泽谕吉曾经指出这种因素在幕
藩体制中是存在的，并且与明治国家体制是有关联的。这一观
点值得我们予以关注。

3 "文艺的公共性" 的成立——森鸥外的 "史传" 的意义

政治的公共性和文艺的公共性

那么这些与明治国家的权力分立制和议会制相关联的观念，具体是在什么时候、又是怎样浮现出来的呢？关于这一点，也许可以说，权力分立制和议会制是作为政治战略的一环，为应对幕末危险的政治状况的而出现的。

在此，首先来尝试考虑一下，形成这些观念的母胎，也就是把这些观念定型为具体制度的基础——政治交流的网络，在幕藩体制中是如何形成的。换言之，使政治交流得以实现的国民意义上的政治公共性概念，是什么时候、如何形成的？如果没有这些，政治交流就无法进行，则国民国家的政治共同体也就无法成立。这种网络不可能没有成立的前提，其前提正是表面上与政治交流毫无关系的非政治交流网络。

德国社会学家尤尔根·哈贝马斯曾在其《公共领域的结构转型》（1961）一书中，论述了欧洲 "市民公共性" 的成立，他指出："非政治形态的公共性是在公权力的公共性的庇护下得以形成的，那就是带有政治功能的公共性的前驱——文艺的公共性。""文艺的公共性"是指从17世纪后半叶到18世纪的法国及英国，以文艺作品等为交流媒介，通过对它们的共同欣赏、评论而成立的以"市民化的读书公众"为基础的公众性。哈贝马斯解释说："政治的公共性会从文艺的公共性中显现出来。"

也许可以这样说，即作为欧洲"政治的公共性"之前驱的"文艺的公共性"，在日本也存在承载相似功能的历史实体。在日本，从18世纪末的宽政年间以后，幕藩的官学昌平坂学问所不仅对幕臣开放，也对各藩的陪臣和平民开放，全国各藩启用的出身于昌平坂学问所的人由此形成了一个横向的知识阶层。在他们之间形成了一个不仅限于儒教，而是以包括文学、医学等在内的广义上的学问艺术为媒介的自由的交流网络。那是非政治性的、共有某种公共概念的交流网络。当时结成了各种称为"社中"的地域性知识共同体，这些"社中"大力发展并促进他们之间的相互交流。

怎样解读森鸥外的"史传"

森鸥外（1862~1922）晚年创作了一系列被称为"史传"的作品，通过追踪以书信为主的交流，以令人吃惊的周密性再现了这种知识共同体内部以及他们之间相互交流的实态。

森鸥外的“史传”作品被冠以《涩江抽斋》《伊泽兰轩》《北条霞亭》等个人性的标题，但“史传”的性质，与其说是个人的，毋宁说是以个人为象征的知识共同体。暂且不提森鸥外对这些学者如何评价，他们在同时代、同一领域的学者、文人中也未必具有较高的知名度，如果考虑一下“史传”事实上是以什么为对象的，那么这一点也就不能说是偶然的。

那些想在“史传”的核心中寻找伟大个体的人，往往会失望。这也是那些试图阅读“史传”的人感到失望（或者说是无聊）的原因。叔本华把阅读带来的无聊分为“客观的”和“主观的”两种类型。他说，前者是作者的原因，后者是读者的原因。“主观的无聊”是“因为读者对主题缺乏关心。但不关心是因为读者的关心受到了某种限制”（《著作和文体》）。和辻哲郎（1889~1960）对《涩江抽斋》的批评就体现了这一点。在《涩江抽斋》发表时活跃文坛的新锐学者和辻哲郎，在承认“我只读了一部分”之后断言说：“我无法理解先生（森鸥外）倾注如此之力于《涩江抽斋》的用意，我所能臆测到的唯一理由，就是‘对难得之物的嗜好’。”

森鸥外
（文京区立森鸥外纪念馆藏）

　　当时和辻哲郎对《涩江抽斋》的评价是，"无论是他个人
的重要性还是其作为文化象征的意义，都配不上先生这样辛苦
撰写"。恐怕他终生都没有改变这种评价。作出这种否定性评
价的，并不仅是和辻哲郎，当时很多学者、知识分子（恐怕也
包含除永井荷风之外的文人）都对"史传"的价值怀有疑问。
即使后来像石川淳这样给予"史传"的文学价值高度评价者，
也倾向于把各个作品的优劣，归为题目所提到的人物的优劣。
石川淳将《涩江抽斋》和《北条霞亭》进行了对比，一边评
价说，"无论世人对其作何评价，都无法改变《霞亭》是一部
杰作的事实"，同时又断言北条霞亭本人"乃浑身俗气的小人
物"，并得出结论："最后与霞亭的邂逅是鸥外晚年的悲剧，这
种悲剧之所以此前没有在《抽斋》中上演，是因为抽斋和霞亭

在为人的素质上存在差异。"

如上，即便是石川淳也把"史传"各作品的文学价值置换为各作品主题人物的人格价值（并扩展到学者价值）。他把北条霞亭与同时代的学者在学者价值上进行比较，慨叹比之更加出众的松崎慊堂、狩谷棭斋未能成为"史传"的传主。

尾崎秀实如何解读"史传"

顺便提一下，尾崎秀实（1901~1944）曾与假扮德国纳粹以驻日德国大使馆为据点进行活动的苏联谍报部门代理人查理·佐尔格一起担任共产国际的要员，从事有关国家最高机密的间谍活动。他后来被捕，在狱中非常爱读作为慰问品被送进去的《北条霞亭》。尾崎是著名的中国问题记者，也是第一次近卫文麿内阁的内阁嘱托[1]，1941年10月15日他因违反当时的国防保安法、治安维持法的罪名被捕入狱，在1943年9月29日的初审中被判处死刑。其在狱中所读之书中，有《鸥外全集》（岩波书店，1937。）第八卷收录的《北条霞亭》。

---

[1] 日本内阁专司修改润色诏书行文的职位，一般由精通汉文的知识分子出任。——译者注

在同年 11 月 17 日写给夫人及长女的书信中，他写道："我欣然阅读了北条霞亭的传记，其中诗文、书信较多，很值得一读。最近我常想，鸥外先生真是了不起的人，我甚至觉得他作为传记作者可以独步古今。而且这篇相当艰深的文章（也是优秀的名篇）在报纸上连载是在大正初期 [《东京日日新闻》1917 年（大正六年）10 月 30 日 ~12 月 27 日，《大阪每日新闻》同年 10 月 29 日 ~12 月 27 日]，从中可以看出那个时候读者层的素养之高。"[尾崎秀实《宛如流星之爱》（上），青木书店，1953 年，211-212 页。] 不仅如此，北条霞亭生于 1780 年（安永九年），44 岁去世。尾崎秀实由此联想到或将同样于 44 岁迎来死亡的自己，写了如下读后感。

　　他在 44 岁时抛下妻子和一个女儿离开人世，这或许只是巧合，但我几乎要认为把它拿给我读的人是有特别用意的了。鸥外先生对他的生平逐年进行了细致的描写，生动地展示了他的一生及其命运。这个人（北条霞亭）并非特别杰出的人，他的一生是一个极其认真的学子的一生，当他总算要在东都学界拥有一席之地，并刚刚建成新居之时，生命却匆匆结束了。（1943 年 11 月 19 日的书信。同上，214 页。）

尾崎秀实

　　战败后，尾崎在狱中提及《北条霞亭》的书信被公开。作家宇野浩二读过之后，在《鸥外的小说——最高级的小说》（《鸥外全集》，第四卷，月报二，岩波书店，1951 年 7 月。）中写道："尾崎秀实被处极刑，身陷图圄之时，向家人要求的书目中……有《北条霞亭》。我在跟正宗白鸟谈及此事时曾说过，单是爱读《北条霞亭》一事本身，就可以说他已经步入了文学鉴赏的殿堂深处。白鸟先生也对我的话点头表示赞同。"宇野浩二对于森鸥外的三篇"史传"都给予了高度评价，但他仍然表示："如果一定要说的话，我还是选《北条霞亭》。"或许正是因为这样，死刑将近的尾崎秀实在狱中读了《北条霞亭》后深受感动的事实，才会引起他的共鸣。（宇野浩二引文的复印件由政治史学家今井清一提供。）

横向网络的延伸

即使每个个体的人格价值（或学者价值）之间有优劣之分，但其所属的知识共同体之间却不存在优劣。这些知识共同体的共同之处在于，它们的成员共同拥有一种超越门第出身以及所属的"文艺公共性"，相互之间具有极强的平等性。在那里所进行的，并不是基于身份制的流于形式的纵向的交流，而是以学问和艺术为媒介的横向的实质性交流。

位于备后神边的廉塾就是一个典型，伊泽兰轩以及北条霞亭通过著名的诗人、廉塾的创始人菅茶山，或直接或间接地与之产生密切关系。森鸥外的《伊泽兰轩》以及《北条霞亭》就是用环环相扣的考证方法——这是森鸥外始终仰慕的涩江抽斋研究学问的方法——对这个以山阳道上的歇脚处廉塾为据点的小小的知识共同体，如何形成遍及全国的交流网络，作了详尽的描述。曾受菅茶山委托，在北条霞亭之前暂时出任廉塾塾头的赖山阳所著《日本外史》以及其他一些著作，都是"文艺的公共性"的成果之一。毋庸赘言，正是这一"文艺公共性"起到了促进幕末的政治交流的媒介作用。

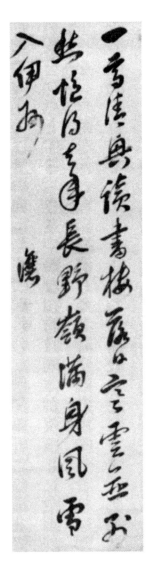

北条霞亭 [1]

————

1 （本名北条让，人称让四郎）于文化五年
（1808）所作绝句。"一尊清兴读书楼，落日
寒云并别愁。忆得去年长野岭，满身风雪入
伊州。让。"令人记起一年前的冬天从越后
（现新潟县）经中山道前往伊势（现三重县）
地区时，在黄昏时信州（现长野县）南部的
山道上，冒着暴风雪匆忙赶往下一处客栈时
的往事（作者现藏）。参考《鸥外历史文学
集》第十卷，岩波书店，2000，63–69 页。

幕末开国时期负责外交事务的勘定奉行川路圣谟，曾为了与俄国交涉外交事务赴长崎，途中不经意间路过正对山阳道的廉塾，后来得知，在日记中留下一篇悔恨错过廉塾的文字。由此可见，廉塾所带来的"文艺的公共性"网络已经深入到了幕府官僚的中枢。跟欧洲一样，日本"政治的公共性"也孕育于"文艺的公共性"之中。

另外，培养出北条霞亭、地处伊势的山田诗社也并非单纯的地方性文艺结社，它的交流网络中还包含了当时杰出的先进外科医生华冈青洲。北条霞亭年轻时曾学过医，他把华冈青洲尊为"古今无二的神医"，曾劝他的胞弟碧山以及其他年轻医师们跟随住在纪伊（今和歌山县）的华冈研修医术。他的胞弟碧山确实曾去拜访过纪伊国的华冈青洲，华冈青洲的儿子云平则反过来曾在由菅茶山创立、北条霞亭担任塾头负责实际事务的廉塾学习过。在华冈青洲61岁寿辰之际，菅茶山和北条霞亭都曾为他作过贺寿诗。森鸥外通过北条霞亭留给他的子孙北条许的书信，勾勒了华冈青洲的形象，令人印象深刻地刻画出当时的知识共同体是如何丰富多彩的。毫无疑问，在那里作为"政治的公共性"的前阶段的"文艺的公共性"在发挥着作用。

4　幕末危机下的权力分立论和议会制论

西周的提案

　　与伴随幕末开国而来的政治状况的根本性变化——体制危机，即堪称幕藩体制的“立宪主义”危机——相对应的问题是，为什么权力分立制会浮上来？为了讨论这个问题，让我们来看一下西周（1829-1897）的权力分立论。西周在庆应年间（1865-1868），德川庆喜就任将军以来，一直是庆喜的智囊。作为智囊，西周所面临的最重要的问题，就是必须要考虑大政奉还后的政治体制应该是怎样的，也就是必须考虑应该如何应对当时的“立宪主义”危机的问题。当然，当时还没有“立宪主义”这一说法，但与之相似的概念却是明确存在的。

西周

在为了应对这一危机而起草的建议书《议题草案》中，他提出的就是一种三权分立制。他指出，"守法之权"即司法权、"立法之权"即立法权、"行法之权"即行政权，此三权虽彼此不同，但"因三权皆独立不相倚之故，私心自难行，三权各尽其任，制度之要即在于此"。为了重整幕藩体制，西周主张应该导入欧美的权力分立制。他主张，应该效仿建立以个别权力主体的实体存在为前提的权力分立制，使幕府和各藩之间的权力分配明确化。

西周的具体提案如下：拥有全国性立法权的主体是德川本家，也就是由包含大君（德川将军）在内的全国规模在一万石以上的大名组成的上院。在上院中，大君为上院列座的总头，担任上院议长。对于表决的结果，如果出现赞同票和否定票持平的情况，大君拥有三票的投票权。另设下院，由各藩选派的一名代表组成。大君对于下院赞否持平的结果也有三票的投票权，并拥有解散下院的权力。

西周进一步的设想是由德川本家在大阪设立公府作为行政权的主体，也就是使立法权和行政权分开，把非幕府势力限制在立法权的领域。而确保大政奉还后的幕府政治能够生存下去的，就是西周作为德川庆喜的智囊为幕府所勾画的政治战略蓝图，即《享保年间法国大儒孟德斯鸠之发明》。

西周于幕末曾留学荷兰的莱顿大学，在那里学习了真正的权力分立制的概念。这在幕末幕府遭遇政治危机之际，成为摸索应对危机的政治战略的一条线索，并形成了意在重整幕藩体制的现实性提案。或许西周作为庆喜的智囊，已经洞悉了幕藩体制本身就具有一种易于接受权力分立论的构造。

从"公仪"到公议

同样是应对幕藩体制的"立宪主义危机"的政治战略而浮上水面的是议会制。毋庸赘言，这是为了应对幕府传统性统治的解体而采取的另一个政治战略。幕府放弃了其根本性的锁国政策，遭遇了需要重新证明其政权的正当性的紧急事态。总之，被韦伯称为"传统性统治"（Traditionelle Herrschaft）、被德富苏峰称为"习惯性专制"的幕府体制的统治原理，必须加以修正了。也就是说，幕府被迫面临这样的选择：要么对作为幕府根本的"祖宗之法"加以补充和完善，要么寻找能取而代之的新的体制原理。

幕府想到的方法之一就是众所周知的"敕许"。一方面，它想要把一直被排除在传统性统治之外的朝廷纳入自己的体制。换言之，以"权威"来巩固"权力"，使"权威"和"权力"一体化。

还有一种方法是"众议"。它作为弥补幕藩体制统治原理的方法而快速浮现。也就是说，把原本处于幕府决策局外的、以大诸侯为首的各大名的意见作为"众议"，赋予其新的战略价值。这也许可以说是带有扩充传统合议制意味的具体策略。意味着幕府权力的"公仪"的正当性失去了保证，为了体制的安定，另一种"公议"便成为必要的。在幕末发生了这种从"公仪"到"公议"的统治正当性依据的迅速转移，转变为能够接受议会制的现实状况。

福泽谕吉等人当时所读的著作中，就有在序章中介绍过的白芝浩的《英国宪制》。正如已经指出的那样，它与马克思的《资本论》同于 1867 年出版，初版至今已逾 150 年。它对福泽谕吉等人造成了非常深刻的影响。那时，即使在英国，关于"近代"究竟为何物的讨论也在切实地进行。在序章中提及的白芝浩的另一著作《自然学与政治学》（1872），也是考察欧洲近代概念的著作之一，通过这些可以明白，在 19 世纪末走在近代化最前列的英国人，在当时是把"近代"作为什么样的概念来理解和接受的。在书中，白芝浩解释道，欧洲的政治形态也经历了从"习惯性统治"到"基于讨论的统治"的转移，这就是近代。

这种以从"习惯性统治"到"基于讨论的统治"的转移为内容的近代化概念，对以福泽谕吉为首的日本先进知识分子产生了巨大的影响。与从"习惯性统治"到"基于讨论的统治"的历史转移意义相当的变化，也见于幕末的日本。在幕末日本，它是伴随着当时相当于"立宪主义"体制原理的危机的深化而出现的。这一点非常重要。

导入议会制的战略

现实政治中，以幕府系势力和雄藩势力各派代表举行合议为基础的可称之为幕藩联合的政权开始启动，其中心是由岛津久光、伊达宗城、山内丰信、松平庆永、德川庆喜、松平容保六名成员组成的参预会议。但是，在其因内部的对立而解体后，幕府系势力与以萨长联合为基础的雄藩势力之间的矛盾便加深了。幕府系欲在法兰西帝国的扶持下重建幕藩体制的绝对权威。当时位于幕藩官僚体制末端、并支持这一路线的福泽谕吉用"大君的君主政治"一词表达了这层意思。庆喜政权采取了"大君的君主政治"这一路线，并以凭借军事力量剥夺各藩的权力为最终目标。

这一幕府路线令雄藩势力感到了强烈的威胁，"武力倒幕"论可以说作为一种防御性对策逐渐抬头。但是，即便是雄藩势力也把大政奉还后的政治体制预设为议会制，并考虑权力转移后有必要形成一种超越各藩权力的、所谓"公议"的东西。也就是说，对雄藩势力来说，作为阻止"大君的君主政治"的政治战略，无论是武力倒幕，还是采取和平转移权力的方式，作为取而代之的政治体制的选择项，议会制都被认为是必然的。

在这种状况的变化过程中，无论是幕府一方还是反幕府一方，都达成了共识，认为无论将来的权力采取什么样的形态，都必须基于"公议"，即"公众的意见"。总之，新的权力必须基于"公议"的想法是共通的。

结果，德川庆喜为了封杀"武力倒幕"论，而接受了"大政奉还"论。正如智囊西周的权力分立论所设想的那样，"大政奉还"后的政治体制的蓝图是一种公议政体。从庆喜"大政奉还"的上表中也可以看出强调了"公议"的重要性。上表中说："尽天下之公议，仰圣断，若得同心协力共保皇国，必可与海外万国并驾齐驱。"这反映了其背后的公议政体论。

也就是说，幕府方和非幕府方都押上了各自的政治生命，因此只能把"公议"作为其各自存在的理由。双方都试图导入能够使"公议"成为其生存理由的议会制。在这一点上，双方的想法是相同的。

5 《明治宪法》下，权力分立制和议会制的政治 归宿

《明治宪法》下的议会制

在 1889 年（明治二十二年）颁布的《明治宪法》(《大日本帝国宪法》) 第三章"帝国议会"中，规定了议会制的结构框架。帝国议会的成立是在宪法颁布翌年的 11 月 29 日，如前所述，在这一天举行开院典礼的同时，宪法本身也正式生效。关于这一点，在前一年的宪法颁布之际所公布的《天皇敕语》中已经作了明确说明。这一举动显示了帝国议会在《明治宪法》体制中的重要性。

帝国议会由贵族院和众议院两院构成，其各自的运行和组织，以与宪法颁布的同时、经天皇的最高咨询机构枢密院的决议而制定的两个法令为依据。一个被称为"贵族院令"，是关于贵族院的敕令，另外一个被称为"议院法"，是关于众议院的法律。除此之外，还有规定众议院公选议员选举制度的法律《众议院议员选举法》。基于这一法律的第一次全体选举，于 1890 年 7 月 1 日已经先于第一次帝国议会的召开而举行。在宪法颁布的同时制定的，并与议会制的实施密切相关的这些法

律及敕令，也被明确记入宪法条文（宪法第 34 条、第 35 条、第 51 条，但是关于众议院议员选举法，在第 35 条中仅被记作《选举法》。），与议会开设后制定的法令相区别，把这些作为《宪法附属法令》。这些法令修改时，都向枢密院进行了咨询。

如上，《明治宪法》下的议会制从其法律形式层面来看，在整个体制中所占的比重也非同小可。另外，从议会的实际状态来看，对于预算案和法律案，它都掌握着生杀予夺的权力。把议会制作为宪法制度的《明治宪法》的起草者们，同时对于议会制的未来抱有强烈的警戒心，他们必须考虑如何抑制以议会制为基础的政治势力的抬头。

霸府排斥论和权力分立制

议会制如上所述是维新革命的产物，维新革命的理念之一是王政复古。王政复古的政治含义在于，排斥诸侯的首领执天子之政，即排斥代行天皇之职的霸权者。另外，也意味着排斥霸权者的组织、机构，也就是霸权者的据点——霸府[1]。换言之，王政复古也就意味着排斥幕府的存在。

---

1 例如日本明治维新前实际掌握政权的德川将军。——译者注

而排斥幕府式权力最有效的途径，正是与议会制一起作为宪法制度被导入的权力分立制。权力分立制是天皇主权、特别是构成其实质的天皇大权这枚证章的另一面。也就是说，《明治宪法》所设想的权力分立制，是以防止幕府式的权力出现为目的的，因此作为一种制度性设计，要适合王政复古的理念。在权力分立制下，任何国家机构都不能单独代行天皇的权力。总而言之，也就无法形成像过去的幕府一样的霸府。这就是《明治宪法》下的权力分立制的政治含义。

主持起草宪法的伊藤博文（1841~1909），曾就议会方面特别强调了一点，即议会无论如何也不能成为霸府。他说："王政复古乃所谓统治大权之复古。吾等相信，收复霸者手中之统治大权，随即赋予民众，则皇室依然失去其统治权。倘若尚如霸府犹在之时，则不得日本臣民之心，况也与我国体不符。"

伊藤博文的霸府排斥论，不仅适用于议会，也必须同样适用于其他的国家机构。当然，军部也不例外。总之，"统帅权的独立"正如"司法权的独立"一样，归根结底都是权力分立制的意识形态。因此，它不可能是一种为军事政权的出现提供正当化依据的意识形态。在太平洋战争中，东条内阁之所以被批判是"东条幕府"，其原因就在于此。另外，大政翼赞会作为一种幕府式的存在（或者说一种相当于苏联布尔什维克的组织）而受到贵族院的，也是因为人们认为它违背了权力分立制的原则。

大政翼赞会率先提出的"奢侈就是敌人"，实际上是布尔什维克党成立时的口号——这种风评之所以能流传于街头巷尾，也是与各地有不少人把大政翼赞会所主导的"新体制"视为对布尔什维克一党制统治的效颦有关的。另外，与对共产主义一样，对纳粹、法西斯产生违和感、抵触感也是源于一党制与宪法上的权力分立制不相容的观念。导致纳粹政权出现的《授权法》与日本的《国家总动员法》，都赋予了政府广泛的委任立法权，不过前者承认政府甚至有包括修改宪法在内的法律制宪权，后者则没有这样的权力。

反政党内阁与权力分立制密不可分

表面上看似集权、一元的天皇主权的背后，实际是分权、多元的各国家机构相互制衡的机制在发挥作用。这就是天皇统治和保证这种统治的权力分立制的现实。谋求这些国家机构的多元均衡的政治力学，是明治宪法体制运作的现实。因此，《明治宪法》所规定的较为严格的权力分立制，对于连接立法和行政两种功能的政党内阁，原本就带有排斥的属性。也就是说，《明治宪法》所具有的反政党内阁性质，实际上与权力分立制是分不开的。

事实上，反政党论者的急先锋、宪法学家穗积八束（1860~1912）一方面对英国的议院内阁制持排斥态度，认为它同时具有立法权和行政权，是一种专制政体，另一方面却对美国的权力分立制评价很高，认为正是它高度实现了《明治宪法》所预设的政体本质——立宪制，所以给予了高度评价。

另外，穗积八束在学问上的后继者、宪法学家上杉慎吉（1878~1929）也同样作为反政党内阁论者，对作为《明治宪法》之基本原则的权力分立制，进行了最大力度的强调。他从反政党内阁论者的立场，特别强调了司法权相对于立法权的独立。《明治宪法》并未对法院的法律审查权予以明文规定，在宪法学家之间，对于法院是否具有法律审查权，在解释论上存在争议。在宪法解释上，上杉认可法院的法律审查权。

　　在这一点上，与穗积八束、上杉慎吉同为宪法学家的美浓部达吉（1873~1948）的观点则有很大不同。美浓部认为，虽然谓之权力分立，但并不是三权必须对等并立，归根结底立法权是居于优势地位的。因此，美浓部达吉的解释是，法院不应该对由议会制定的法律进行审查。

6　作为统合体制之主体的藩阀和政党

统合体制主体存在的必要性

《明治宪法》虽然表象上具有集权主义的结构，但它的特质毋宁说还是分权主义的。这其中包含着非常严重的问题。也就是说，这意味着《明治宪法》欠缺最终统合权力的制度性主体。

现实中的天皇，平时当然并不负有统合权力的政治职责。内阁总理大臣在阁内以及同阁外的关系中，其地位也是极其脆弱的。《明治宪法》下的内阁总理大臣，跟现行宪法下的内阁总理大臣相比较为孱弱。在阁内，军部大臣自不用说，对在制度上独立、并直接联系天皇的各个内阁成员的统制力也很弱。因此，内阁全体的连带责任也没有得到制度性保障。在阁外，也跟现在的内阁总理大臣不同，因为并非由议会选出，也不一定能得到议会的全力支持。这是明治宪法体制下的日本政治的最大特征。

也就是说，日本的政治是离心性的，向心力很弱。在这一点上，藩阀内阁如此，政党内阁也是一样的。因此，明治宪法体制难以在支持其分权性的各种强有力的国家机构以及依据这些机构存在的各种政治势力之间取得多元性均衡。也就是说，难以确保体制的稳定。基于这样的理由，在明治宪法体制中，无论如何都需要一种没有写入宪法的非制度性主体，它必须具有统合整个体制的功能。

换言之，所谓的天皇统治，只是一种体制的神话，现实中的权力是分散的。在这种体制上的规范性神话与政治现实之间，一种可以作为媒介的政治主体是不可或缺的。《明治宪法》一方面在制度上对霸府的存在、或说是幕府式的存在予以彻底的排斥，另一方面为了使宪法作为统治手段能有效地发挥作用，则又必须以某种可以发挥幕府式作用的非制度性主体的存在为前提。

什么成为了统合主体？

那么，在日本究竟是什么承担了统合这种分权体制的非制度性主体的角色呢？首先登场的是所谓的藩阀，也就是制定宪法的权力核心。毋庸赘言，藩阀正是以过去主导反幕府势力的萨长出身者为中心的。他们把各种国家机构作为横向的派系（Faction）来启动了宪法，藩阀的领导者则形成了事实上代行天皇之职的元老集团。这一元老集团使带有强烈分权性的权力主体之间达到了均衡，起到了一个平衡者的作用。

但是，这种藩阀的体制统合功能有一个很大的弱点，那就是藩阀无论如何也无法掌握作为分权体制分支之一的众议院。而反藩阀势力作为政党在地方上设立据点，成立适合众议院选举的组织，由此经常在众议院选举中获胜，并控制众议院。藩阀则做不到这一点。藩阀原本是标榜反政党的，既然自己拒绝成为政党，那么就无法在选举中胜出，因此无论如何也控制不了众议院。如果不能控制众议院，就既不能通过预算，也无法制定法律。因此，无论藩阀如何强大，其本质也只是派系（Faction），无法起到政党（Political Party）的作用。

反观控制了众议院的政党一方，他们同样有难以克服的弱点。那是因为《明治宪法》下所谓的众议院多数席，仅仅靠这一点，并不能保证获得权力。藩阀统合体制的能力是有极限的，反之，政党势力的扩大也是有极限的。藩阀和政党都认识到这一极限，其结果双方为了打破极限而尝试着相互接近。这一状况大致开始于甲午战争之后。

在这种藩阀与政党相互接近的过程中，首先是藩阀组织的不断弱化。因为藩阀组织的母体主要是旧藩，而旧藩已经随着时间逐渐消逝。最终，藩阀丧失了其母体，不得不政党化。在宪法颁布当时，反政党论者伊藤博文曾高举过独立于政党之外的"超然主义"的鲜明旗帜，后来为了使以众议院多数派为基础、纵贯贵众两院的政治势力得以组织化，于1900年（明治三十三年）出任立宪政友会的第一任总裁。与之对立的反政友会势力，也决意以贵族院多数派为据点开始政党化，从立宪同志会到宪政会，再到后来的立宪民政党，开始发展这一第二政党系列。就这样，在贵众两院对峙的《明治宪法》下的议会制中，出现了事实上的多数政党制。

随之，藩阀承担的统合体制的任务逐渐移交给了政党。在这种意义上，政党被藩阀化、藩阀被政党化了。换言之，政党成了幕府式的存在。这就是日本政党制（Party System）成立的意义。

7　与美国比较下的日本政党政治

作为美国政治统合主体的政党

这绝不是日本独有的现象。如果想要寻找与之类似的历史事例，那大概就是美国了。美国拥有比日本更为严格的权力分立制，尽管如此，也因政治需要所迫而形成了政党政治。美国宪法的起草者们最初建立权力分立制的意图，是防止议会多数派控制国家。也就是说，权力分立制是为防止出现宪法起草者们最为担心的"多数人的暴政"（The Tyranny of The Majority）而设置的防洪堤坝。

对美国的建国元勋们来说，宪法的最高目的，自然与日本不同。毋庸多言，美国宪法的最高目的是保障自由，尤其是宗教信仰的自由。防止这种自由因多数派的控制而受到威胁，是建国者们的强烈意愿。也就是说，在美国，所谓的政党政治原本也被认为是由特殊利益来控制国家的。以政党为主体的政府（Party Government）被视为是与自由的意愿相反的。因此，仅就防止议会的多数派控制国家的意图而言，他们与日本明治政府的领袖们的想法是一致的。

　　但是，美国跟日本一样，仅有权力高度分立的宪法并不能
使其成为统治国家的有效工具。一种用以补充完善总统制的、
没有写入宪法的非制度性主体、实质上统合体制的主体，对于
美国来说也是非常必要的。

　　在美国最终承担了这一任务的，还是总统竞选之母体的两
大全国性政党。而且，这两大全国性政党，都是由原本站在反
政党立场上的宪法起草者们，也就是开国元勋们本人创立的。
如前所述，在这一点上日本也是一样的。

　　顺便说一下，基于相同的观点，在美国也曾有过为什么会
形成多党制的研究。研究由执政党和在野党构成的政党制的概
念和现实是如何固定下来的，对于理解美国政治非常必要。进
行这一研究的是美国历史学家理查德·霍夫施塔特（Richard
Hofstadter）。霍夫施塔特在 1969 年的著作中曾指出，[1] 美国宪
法原本是"反政党的宪法"，为了挽救这种"反政党的宪法"，
使其成为统治的有效工具的恰恰是政党。

1　*The Idea of a Party System: The Rise of Legitimate Opposition in the United States,*
1780-1840, University of California Press, 1969.

　　总之，美国的 1788 年宪法是"反政党的宪法"，而日本
的 1889 年宪法也是"反政党的宪法"。在这种相同的"反政
党的宪法"之下，日美两国都出现了政党政治。为什么会出现
这种现象？这样的问题意识，至少对于解释日本的政治层面的
近代是非常重要的。为了思考这一问题，那么以下的问题也是
非常重要的：原本乃是体现立宪主义的权力分立制和议会制，
是由于何种原因，或者说是出于什么样的动机被导入的？

8   政党政治的结束和"立宪的独裁"

没有民主主义的立宪主义

在日本，政党政治从大正时代结束后正式开始运作，20 世纪 30 年代初期经历了以"九·一八事变""五·一五事件"为代表的连续不断的内外冲突，政党政治的权威不断遭到冲击。政治学家中开始有人称之为"民主主义的危机"。而作为代替"民主主义"的意识形态，有一种"立宪主义"浮出水面。

这种"立宪主义"是从"民主主义"中分离出来的。总之不是一种"立宪民主主义"。而作为没有"民主主义"的"立宪主义"，一种称为"立宪独裁"的概念开始登场。它的倡导者是当时的政治学家、行政学家蜡山政道（1895~1980）。时值最后一个政党内阁犬养毅政友会内阁执政期，早于"五·一五事件"之前 4 个月左右，蜡山政道已经看透了其前途的悲观走向，提出了"立宪的独裁"这一概念。这一主张是以"立宪主义"的框架为前提，同时建立一种"权威的可以做出决定的组织"（专家控局的组织）来代替议会（蜡山政道：《宪政常道和立宪的独裁》，收录于《日本政治动向论》，东京高阳书院，1933。《我国的立宪独裁动向》，收录同上。）

蜡山把"立宪的独裁"视为当时欧美发达国家间的共有现象。他把德国依据总统紧急令的统治（基于《魏玛宪法》第48条）、1931年出现的英国"举国一致内阁"以至推行罗斯福新政的美国政治，都定义为"立宪的独裁"的事例。蜡山政道认为美国被赋予了"宪法上所允许的最大程度的独裁"。（参见三谷太一郎：《学问如何面对现实》，东京大学出版会，2013。119-120页。）

对经历了"五·一五事件"之后而成立的"政党、官僚合作的内阁"——斋藤实内阁，蜡山政道作为"唯一之道"提出的建议，就是设立"可以取议会而代之的具有权威的少数人员组成的敕令委员会"，也就是由被天皇赋予了正当性并直接行使行政权的专家机构进行"立宪的独裁"。他写道："如果不推行立宪的独裁，那么不久以后……或许会招来危机，致使尚存一息的立宪主义被摒弃。"不可否认，"立宪的独裁"这一概念中，包含着对《明治宪法》下"立宪主义"的迫切危机感。但是那种"立宪主义"并非"近代意义上的立宪主义"，而是"国民组织"这种"国民协同体"，作为政治组织的政治原理。它被赋予了特殊的意义，即"应该建立在以日本的国体为中心的、国民形成的内在原理之上"。那是一种从议会制中脱离、并否定议会制的"立宪主义"。伴随着"立宪的独裁"概念的形成，"立宪主义"概念本身也发生了变质。

我认为，今后日本的权力形态，或许会强化蜡山政道曾在20世纪30年代所提倡的"立宪的独裁"的倾向，也就是实质上由"专家统治"的倾向。对此，"立宪民主主义"将如何与之相抗衡，这一点值得深思。

第二章

———

为什么日本会形成

资本主义

1 走向自立的资本主义道路

斯宾塞与日本

为了建立国民国家而开始的日本近代化，把建立自立的资本主义作为了一种必要手段。国民国家的建立与自立的资本主义的建立是不可分割的整体，这构成了日本资本主义的特征。

有一种学说为日本的近代化指明了方向，并为资本主义沿着这个方向发展提供了正当化的有力论据，那就是 19 世纪后半叶席卷全世界的英国学者赫伯特·斯宾塞（Herbert Spencer, 1820~1903）的社会学说。斯宾塞展示了从 "军事型社会" 向 "商业型社会" 转化的社会发展阶段的图式。它被认为能够完全适用于脱离了幕藩体制社会、向未来社会进化的明治日本的历史进程。当时年轻的知识分子德富苏峰，改编斯宾塞的进化史观，写成了《将来之日本》（1886），成为当时的畅销书。另外，明治十年至十九年，初创期的东京大学曾把斯宾塞的社会学著作原文通过作为教材，讲授给学生。当时还是学生的新渡户稻造，曾在文学部通过外山正一的讲义接触过斯宾塞的社会学，这对新渡户的美国观的形成产生了永久性的影响。

与之相对,后来的德国社会学家马克斯·韦伯站在宗教社会学的立场,从其内部动机对欧洲资本主义的形成进行了说明,并从努力体现上帝之荣光的禁欲的、世俗内的新教伦理中找到了答案。把资本主义的目的的合理性——以追求利润本身为目的,并彻底追求达成这一目的的有效手段——反过来利用只强调信仰的宗教的非合理性进行了论证。以已经成型的欧洲资本主义为模范的日本,比起资本主义的内部,它更关心其外部,比起韦伯所说的"精神",它更关心功能。斯宾塞基于社会进化论观点的实证主义社会学,正好符合日本的这种要求。在这一点上,可以说与同时代的美国一样,美国资本主义发展初期的领军人物们也同样被斯宾塞所吸引。美国分析"斯宾塞的流行"的研究成果中,包括前章所介绍的理查德·霍夫施塔特写于 1955 年的著作。[1]

政治领袖和经济领袖

但与美国不同的是,斯宾塞的理论中,比起自由主义的一面,日本更重视国家主义的一面。因此,在日本形成了以内务省为推进机构、由国家主导的资本主义。这样一

---

1 Richard Hofstadter, *Social Darwinism in American Thought*, Revised Edition, Beacon Press, 1955.

大久保利通

来，政治领袖同时也成了经济领袖。最早的例子，就是明治政府事实上的最高指导者、出身萨摩藩的内务卿大久保利通（1830~1878）。他承担的职能后来由同样出身萨摩藩的松方正义（1835~1924）继承。既是政治领袖，也是经济领袖，这种双面性是大久保之后的萨摩系文官领袖的共同点。

继承了萨摩系领袖的这一历史职能，并最终为日本的资本主义刻下了鲜明印记的政治兼经济领导者是高桥是清（1854~1936）。高桥是清虽然不是萨摩出身，但他在文部省受到了森有礼、在农商务省受到了前田正名等萨摩系官僚的熏陶，在金融实务上的政绩得到了松方正义的认可，这为他就任日本银行的副总裁、总裁铺平了道路。在经济财政政策论上，可以视高桥是清为始于大久保利通的萨摩系官僚的谱系上的一员。

高桥是清

与大久保相反，经济金融专家出身的高桥是清踏上政治家之路的契机，是"大正政变"。1912 年（大正元年）与萨摩系对峙的长州系势力得到了反政友会系政党势力的支持，组成了第三次桂太郎内阁，但由于政友会及其他政党势力发起的拥护宪政运动，于第二年就垮台了。然后，作为萨摩系和政友会事实上的联合政权，以萨摩系海军的代表山本权太郎为首相的内阁上台，这就是"大正政变"。高桥是清经由萨摩系的推举，作为大藏大臣[1]入阁了山本内阁，并借此机会加入了执政党政友会，转而走上了政党政治家的道路。高桥是清既是发端于大久保利通的萨摩系国家资本主义路线的继承者、完成者，同时

1　大藏大臣是大藏省的主要负责人。大藏省是主管财政、金融、税收的中央行政机构。——译者注

也是转变者。

以自立的资本主义为目标

日本为了转变成欧洲式的国民国家，作为战略手段，除了主动转变成欧洲式的资本主义之外，别无他法。引进外资被强行设置了不利条件，在缺乏关税自主权的不平等条约之下，只能建设不依赖外资的资本主义。这是与通过修改不平等条约、谋求对外完全独立的政治民族主义相伴而来的经济民族主义。可以认为使这种资本主义成为可能的客观条件，在中日甲午战争之前的日本就已经存在了。即：先进的产业技术、资本、劳动力和和平。国家已经创造了这四个条件。

这四个条件具体来说，一、以官营事业的设立为象征，国家导入了先进的生产技术；二、确立了以地租为收入主体，可保障年收入的稳定度较高的租税制度；三、确立了能够培养高质量劳动力的国家教育制度（初、高中教育制）；四、规避了会妨碍资本储备、产生资本非生产性消费的对外战争。在这些条件之下，日本首先形成了资本主义的第一类型，也就是自立的资本主义。本章将从大久保利通开始，至高桥是清出现，通过追踪领袖变化，来考察这一形成过程。

2 自立的资本主义的四个条件

（1）政府主导的"殖产兴业"政策的实验

作为起点的岩仓使节团

明治政府以1871年（明治四年）的废藩置县为分界线，在强力推进权力一元化的同时，也尝试通过其自身的主导权来建立支持权力的国民基础。从明治五年至明治十年，政府通过权力进行了近代化的各种尝试。明治九年十二月，大久保利通在《行政改革建议书》中所说的"为了引导数百年来因循旧习的软弱无力的人民，必须唯政府马首是瞻"，就充分说明了这一意图。这种以权力为主导的近代化的最重要一环，就是被称为"殖产兴业"的自立的资本主义化。

"殖产兴业"的起点是明治四年至明治六年岩仓具视（1825~1883）使节团的欧美巡游。使节团以岩仓具视为全权大使，在废藩置县之后出发，在外巡游至后年。岩仓具视之下，大久保利通、木户孝允（1833~1877）、伊藤博文等明治政府要员也加入使节团，离开日本，在国外停留了很长一段时间。他们在欧美的见闻，不仅是"殖产兴业"政策的起点，也成了志在富国强兵的明治政府所主导的近代化的起点。明治政府借此机会对日本在国际社会上的位置有了客观的认识，甚至把握到了对未来的具体构想，以及通向这一构想的途径。以欧美巡游为界，大久保利通的政治抱负开始从单纯的强化权力向广大国民社会的近代化、特别是产业化转变。大久保利通政治抱负的转变，也就是以大久保为中心的明治政府政治方向的转变。可以说，自此日本的资本主义进入了新的阶段。

基于 "耻感" 意识的近代化

促成基于权力的近代化的主要心理要素究竟是什么？一言以蔽之，是在与欧美先进国家被理想化的文明意象进行对比后，所产生的对本国文明的 "耻感" 意识。有这样一则逸闻：大久保利通的次子牧野伸显（1861~1949），后来历任宫内大臣、内大臣而成为天皇心腹，他 10 岁时曾随岩仓使节团出访，并在美国留学。根据他的回忆录，在岩仓一行出发之际，认为如果第一次搭乘火车是在目的地的美国，将是一件有失体面的事情。当时京滨之间的铁路仍在施工过程中，只有从横滨到品川炮台的铁路开通了。一行人前往品川，从海滨没有月台的露天车站搭乘火车去了横滨。明治政府要员的 "耻感" 意识，在这场作为近代化起点的欧美巡游出发之际，就已经显露端倪。

或许可以说，这一点体现了日本近代、甚至作为其最重要的部分的资本主义自身的特征——表面性和装饰性。

一行人滞留美国期间，岩仓大使和服外袍、和服裤裙搭配皮鞋的装束，引起美国众人侧目。其因此而提议定制正式礼服、并与国内交涉迅速换装为正式礼服的行为，也是源于这种"耻感"意识。大久保利通在法国考察里昂的蚕丝纺织工厂时，听说原料都是从日本进口而来，曾对同行人员说："实可耻之极，将来于我邦也必起斯业。"他之所以这样说，原因大概也是一样的。

这种"耻感"意识，也表现在政府布告的行文用字上。为促进"文明开化"，政府曾向一般民众发布公告，但布告里多是难懂的汉字，一般民众难以看懂。甚至有俚曲讽刺道："权令指示出，方块字不懂，参事可不能，一字也不懂。"这同样是出于这样的"耻感"意识，认为政府的布告如果是威仪尽失的粗俗文章，恐怕会沦为内外的笑柄。

美国文化人类学家鲁思·本尼迪克特（Ruth Benedict, 1887~1948）在她那部闻名于战后日本的《菊与刀》中，把文化分为"罪感文化"和"耻感文化"。前者以欧洲文化为例，后者则以日本文化为例。作为促进包含资本主义发展在内的日本近代化的主要因素，日本的这种文化性格是不能忽视的。两种文化的差异，恐怕是源于其各自的文化——于日本而言主要是指在幕藩体制下形成的文化——之中宗教价值的差异，即宗教所占的比重及其社会功能的差异。能够用上文提及的宗教社会学领域的马克斯·韦伯的观点来解释的欧洲资本主义化，与不适用于这种解释的日本资本主义化之间的差异，在这一点上表现得很明显。换言之，两种文化之间的差异也许是这样的：一个是以"原罪"为根本观念的文化，另一个是把与世界的紧张关系最小化、比起内部更重视外部的文化。

"殖产兴业"与设置内务省

那么，由大久保利通指导的"殖产兴业"政策是如何推进的呢？

大久保利通于1873年（明治六年）5月结束欧美巡游回国，时任大藏卿[1]。首先，他于同年11月设置了内务省作为"殖产兴

---

1 指太政官制下的财务省的最高长官。——译者注

业"政策的推进机构，自己兼任内务卿。内务省的主要任务之
一是凭借警力维持国内治安，另外一个就是推进以经济领域的
资本主义化为目标的产业化进程。大久保利通内务行政的重
点就放在了这种产业化上。他把原来设置于大藏省租税寮的
劝业课移到了内务省，把它升格为劝业寮，下设农务、商务、
工务、编纂四部分，作为推进"殖产兴业"的机构。劝业寮
后来改为劝农局和劝商局，是设置于 1881 年（明治十四年）
的农商务省的前身。

农业技术的近代化

　　在大久保利通的主导下，内务省当时所制定的"殖产兴
业"政策，第一就是农业技术的近代化和农地的开垦。产业化
的尝试，首先是从作为资本主义基础的农业开始的。农业技术
近代化的据点是官营模范农场和官立农业学校，包括内藤新宿
试验场、驹场农学校、下总种畜场和三田育种场等。内藤新宿
试验场对一般农业技术、畜牧、养鱼、制丝、制茶等技术进行
改良，并向民间做出示范，是技术者的培养机构。驹场农学校
是大久保出国考察的产物，在创立之际，他捐出了自己两年的
赏典禄（为奖励其维新功绩发放的特别俸禄）作为奖学资金。
明治二十三年，驹场农学校成为帝国大学农科大学。

下总种畜场也是大久保外出考察后的成果。根据牧野伸显的《回顾录》，这个牧场是大久保委托考察旧金山时在当地认识的畜牧研究者岩山敬义建立的，目的在于进行牛、马、猪的改良，以及绵羊的饲养，并刺激和指导民间畜牧业发展。1885年（明治十八年）下总种畜场被宫内省接管，成了皇室专用的御料牧场。后来，1969年8月计划修建新东京国际机场（现在的成田国际机场）之际，从它多年所在的"下总"，也就是千叶县成田市三里塚，迁到了现在栃木县盐谷郡高根泽町的宫内厅辖下御料牧场。另外，与内藤新宿试验场出于同一目的而设的三田育种场，则建在位于三田的原萨摩藩邸旧址上。

大久保利通制定的关于农业的内务省重点政策之一，就是山林保护。在考察欧洲诸国、特别是德国和法国时，令他印象最深的是国家在山林保护上的政绩。于是大久保利通提议：为确保政府直营"官林"，抑制"官林"向民间转让变为私有林，在内务省设置山林局作为直接管辖"官林"的政府部门。在大久保利通在世时，设置山林局的提议未能实现。他被暗杀的翌年即1879年（明治十二年），山林局开始组建，并于1881年（明治十四年）成为新增设的农商务省下属的一个部门。（关于山林保护，参见西尾隆：《日本森林行政史的研究——环境保全的源流》，第一章，东京大学出版会，1988。）

模范农场和模范工厂

在大久保推进的有关农业的"殖产兴业"政策中，不容忽略的是农地开垦政策，其中最为著名的就是福岛县安积平原的开垦事业。在大久保遇难当天（1878年5月14日）早晨的对话记录（土屋乔雄《日本资本主义史上的指导者》，岩波书店，1939。38页。）中，他曾指出这一事业要达到以下目的：其一，是在农业技术的近代化中，跟官营农场一样，提供一种事业模式（"标准雏形"）；其二，是为无产化的华士族提供雇佣机会（"华士族授产"），这些人已经成为导致类似前一年爆发的西南战争这类政治不安定的主要原因。在大久保的"殖产兴业"政策中，几乎都包含着启蒙者的使命感和保守政策的良苦用心。

顺便说一下，大久保利通不仅设立了官营模范农场，还自己建了私营模范农场。他从在外考察时起就已经制定了计划，并一直做着准备。他不断从国外寄回果树和蔬菜的种苗，回国后购入了6.6万平方米的土地，在那里公开设立了农场、果树园、菜园、茶园、养蚕室、西洋农具室等，令人感受到他对产业化强烈的使命感。

出现在农业领域的"殖产兴业"的特征，也同样适用于工业化。与农业上的模范农场相对应，工业上也设置了模范工厂，以之作为启动工业化的动力，包括以富冈制丝厂为首的新町屑丝纺纱厂、千住制绒厂、堺纺纱厂、爱知纺纱厂，以及广岛棉线纺纱厂等。其中新町屑丝纺纱厂就是大久保在法国里昂的工厂参观后的成果。另外，千住制绒厂也是基于大久保的提议成立的。在外考察中，他就已经设想了毛织品自给计划，提交提案后最终实现（土屋桥雄，同上，39-42 页）。这些都成为引领明治日本资本主义发展的纺织产业的据点。

贸易和海运

作为与大久保利通的"殖产兴业"政策密切相关的领域，必须要提到的是贸易和海运政策。大久保的目的在于，通过实施直接出口和海运保护等政策，把几乎由外国贸易商和外国海运业者垄断的贸易和海运逐渐收回到日本手中。

大久保执行直接出口政策的第一步，是于 1876 年（明治九年）作为内务省下属劝商局的直接负责人，尝试生丝、茶叶等主要商品的出口工作。这应该说是跟官营模范农场、官营模范工厂性质相当的官营模范贸易商社。另外，大久保利通不仅出口生丝、茶叶等现有的出口商品，还派遣负责人到国外进行市场调查，并在此基础上开发新的出口商品。根据发现的事例推测，大久保利通曾令人收集正仓院所收藏的、维新后流落在外的织物，并以之为参考，尝试设计了迎合外国人嗜好的装饰品。最近这些正仓院收藏的、在大久保利通的指示下制作的织物收藏品被发现并在电视上进行了公开展示，成为颇受瞩目的事例。大久保利通之所以这样把着力点放在振兴出口事业上，也是为了在极力抑制本位货币外流的前提下，偿还明治初年在出口不利的条件下所发行的外债。（土屋桥雄，同上，43-45 页。）

大久保利通的海运保护政策，彻底倾斜于三菱公司。他把原属于内务省驿传寮的 13 艘轮船交给了三菱公司，并分 14 年每年支付 25 万日元的补助金。另外，废藩置县以后，政府集中各藩的轮船组建了邮政蒸汽轮船公司，在该公司临危之际，经大久保的提议由政府出面买下了它的 18 艘船，并全部交给三菱公司。就这样，三菱公司在政府的大力保护下，把外国海运从业者逐出沿海航线，掌握了整个远东海域。可以说大久保利通几乎是把三菱视为官营模范海运公司来对待的。

就这样，大久保利通逐渐建立起了以政府为主导、能够适应世界市场的资本主义生产模式。

（2）作为国家资本之源泉的租税制度的确立

对引进外资持消极态度

应该进一步关注的是，推进政府主导的资本主义化所必需的财政基础确立。换言之，即确保稳定的国家资本。明治政府采取完全从租税（尤其是地租）中谋取该资本的策略，对引进外资则持极其消极的态度。政府的确曾于 1870 年（明治三年）和 1873 年（明治六年）以外债的形式先后从英国筹措过 100 万以及 240 万英镑，前者的目的是用于铁道建设，后者是用于发行"金禄公债"。但是除此以外，直至 1899 年（明治三十二年）的 26 年间，再也没有借过任何外债。

这是明治日本经济建设，特别是由大久保率先开创、松方正义所继承的初期资本主义发展的一大特征。其原因之一，当然是不平等条约带来的对外信用的降低，导致外债在利率、实收额、担保等方面被强加了不利条件，因此事实上筹借外债这条路已经被关闭。另一个原因，则是由于明治政府强烈警惕外债固化会带来外国对日本经济的控制，并严防这种控制渗透到政治领域。

幕末时，幕府靠从法国借外债强化了对内权力，试图通过废除以长州藩为首的各藩，来实现福泽谕吉所说的"大君的君主政治"，结果遭到萨长诸藩的反抗。幕府内部为了政治稳定也支持幕藩联合，出现了以胜海舟为代表的反对幕府权力绝对化的意见。可以说外债反对论成了促使反幕府势力集结的主要原因。把这视为一种变相的"尊王攘夷"论也未尝不可吧。幕末的外债反对论，事实上被倒幕派组成的新政权继承了下来。大久保利通曾在集结倒幕派时起到过主导作用，以他为中心形成的新政权，其资本主义化路线继承了倒幕派的外债反对论，自然是顺理成章的。

如果想要确立不依赖外国资本的资本主义，在当时本国资本、特别是民间资本不足的情况下，就必须依赖以租税收入为来源的国家资本。为了应对这种需要，国家制定了能够保障租税收入的《地租改革法》。

修改不平等条约的大前提

　　在考虑地租改革时，不能无视带来这一改革的对外契机，即地租改革是修改不平等条约的必要前提。以废藩置县为分界线而制定的各种法令、政策，都是出于这一动机，地租改革也不例外。

　　1871 年（明治四年）9 月 5 日，在"三条太政大臣对岩仓外务卿的咨询"中有如下叙述。

　　　　宜修改从前之条约，制定独立不羁之体制。若欲修改从前之条约，必须依据列国公法。根据列国公法，我国违反公法之国律、民律、贸易律、刑法律、税法等，必须变革修改之……

　　也就是说，为了使权力集中而制定的各种法令、政策在面对对外契机时——即有修改条约的必要时，不能欠缺战略性考量，因此必须设法导入"列国公法"，即欧美先进国家的法律体系。可以说在地租改革中所确立的近代租税制度正是其中的一环。特别是地租改革，它与关税自主权的确立这一修改条约最重要的目的有着深切的关联。因为人们预测到，修改条约后关税收入将大幅度增加，可使地租改革所带来的国家资本进一步增多。

地租收入和掌控农民

地租改革前明治政府的持续性财源，是幕藩体制下的旧地租，在明治五年时大概占当年收入的四成左右。此外，政府就不得不依赖于不兑换纸币的发行以及向内外商人借款等。想以此为来源构成国家资本推进资本主义化是远远不够的。因此，对明治政府来说，当务之急就是构建可作为国家财政基础的统一的新租税体系。这一体系的主体就是《地租改革法》，即通过颁发地券来确定缴纳地租的土地所有者，以实际预估地租收入额的地方官的评估价来决定地价，并以此作为决定税额的基准，从而带来稳定的租税收入。例如明治十年的年收入中，租税收入占比是 91.6%，其中地租收入的占比达到了 82.3%。

据法制史学家石井紫郎的观点，在幕藩体制下，权力的辐射范围止步于村落共同体一级层面，并不能到达每个农民身上。幕藩领主对于每个农民实际拥有的土地面积和生

产量，未必有准确的把握。在检地账上记载着的纳税人，并
不等同于单个的纳税农民，而是仅仅意味着共同负担赋税的
整个村子的农民。（参见石井紫郎《幕藩体制社会的土地所
有者研究》，《日本国制史研究Ⅰ，权力和土地所有者》，东
京大学出版会，1966。）

明治政府通过《地租改革法》才开始直接掌控每个农民，
从而确保了以稳定的地租收入为基础的作为国家资本之源泉的
租税收入。这是不依赖外国资本、由政府主导的初期资本主义
能够得到发展的重要条件。

（3）建设资本主义的劳动力的培养

"学制"的意义

与作为国家资本之源泉的地租改革一起为日本的初期资本
主义发展做出贡献的，是提供了大量较高素质的年轻劳动力的
教育制度——特别是义务教育制度。

从1872年（明治五年）8月到1873年4月，颁布了被
称为"学制"的庞大的教育法令。这是以文部省的第13号通

告为首的四个文部省通告的总称。"学制"的历史意义在于，从教育理念出发否定了等级制，在强调国家主义的同时，又讴歌个人主义，并试图把两者结合起来。1872年的"文部省报告"这样说明了"学制"的立法意图："国家之所以富强安康……须依仗一般人民之文明。若无一般人民之文明，即使有一二之圣贤，与文明相关者能有几何？"即意识到一个国家的富强与一般人民的文明开化程度密切相关。

戊辰战争之后，在1868年（明治元年）12月的建言书中，明治政府最有影响力的木户孝允曾说："本来国之富强在于人民之富强，当一般人民不能摆脱无识贫弱之境时……与世界富强各国对峙的目的，也必失其实。"这与"学制"立法者的见解如出一辙。另外，在"学制"发布的同一时期开始刊行的福泽谕吉的《劝学篇》（1872~1876）中，也强调了作为"一国之富强"的前提，"我日本国人"的"一身之独立"的必要性。

在上述意义上，可以认为在"学制"发布当时的政府内外，对把国家主义和个人主义结合起来的必要性已形成了广泛的共识。而这种全国性共识成了培养出较高质量的劳动力的教育基础，并成为促进日本资本主义发展的主要原因。

义务教育制和国家主义

推广义务教育制，并把它作为教育的根基加以重视，这很明显地体现了"学制"国家主义的一面。"学制"设定了由"大学""中学""小学"构成的学校系统，其中，小学分为上下两等，各四年制，规定此为"一般人民必学""此二等男女必须毕业"。文部省实施"学制"，其"着手顺序"的第一步，就是"应把大力用于小学"。对此文部省作了以下说明："期世间之文明，待人中之才俊，只能求之于小学教育的普及与完整。故着力于小学，乃当今着手之第一要务。"即贯穿在"学制"中的教育理念，在国家主导的义务教育制度中得到了集中体现。

本着这种义务教育制优先的方针，文部省通过地方官员对小学的开设以及学龄儿童的就学进行了有力的监督和奖励。文部省也通告各地方官员"设立教育制度，劝导学龄子女接受普遍的教育，乃是施政中不可欠缺之要务"，并进一步督促他们勤于职务——"在督促鼓励之际，纵然稍有强硬之嫌，见之也无可非议，此乃有识者之定论"。另外，政府禁止各县府的佛寺神社进行庙会、祭祀等活动，把资金用于贴补小学的建设。命警察对那些在上午 8 点到下午 3 点之间无正当理由而在外徘徊的学龄儿童进行督促，使他们进入学校。在中央和地方当局的强力督促鼓励之下，"学制"以令人吃惊的速度向各地方迅速渗透。在"学制"发布的第二年，也就是1873 年（明治六年），小学数量达到了 12558 所，至三年后的 1875 年（明治八年），达到了 24225 所，甚至远远超过近年，如 2016 年的 19943 所。不过在就学率上，男子就学率在 1875 年（明治八年）时就已经超过了 50%，而女子的就学率则低于男子，至 1882 年（明治十五年）左右，仍然没有超过 25%。

女子教员的培养

伴随着这种义务教育制的普及，承担教育任务的教员的配备自然也就成了当务之急。文部省实施"学制"的"着手顺序"的第二步，当然就是"迅速开设师范学校"。由此于 1872年（明治五年）在东京设立师范学校，1874 年（明治七年）同样在东京设立了女子师范学校。

及早开设了旨在培养女子教员的教育机构，此事意义尤其重大。根据山川菊荣《女子二代记》的记述，山川菊荣的母亲青山千世就是女子师范学校的第一届毕业生，她于1875 年入学，1879 年毕业。在 1875 年 7 月举行的首届入学考试中，应试者共 300 余人，合格者 70 余人。考试资格仅限 14 岁以上，入学者的年龄和学历水平都参差不齐。在《女子二代记》中，青山千世回想当时的入学者 "从 14、15 岁天真烂漫的少女，到剪短头发的寡妇，还有当过小学教员的人"，她还谈到，"在通过考试的人中，有很多人虽然会作汉诗和和歌，但阿拉伯数字却是在入学考试中第一次见到"。据说，在 70 余名入学者中，四年后能够毕业的只有 15 人。

中村敬宇的思想

当时的女子师范学校的教育方针，反映了在 1875 年（明治八年）11 月至 1880 年（明治十三年）5 月担任代理校长（摄理嘱托）的中村敬宇（1832~1891）的思想中，据说其教育目的并不局限于狭义的教员培养，而指向高等通识教育（Liberal Education）。中村敬宇的这种观点，在 1875 年 3 月 16 日的《造就良母之说》（《明六杂志》第三十三号）一文中可见一斑。文中这样说：

中村敬宇

担心男女同权之弊者，不过是害怕无教育的妇人骑到丈夫头上，……同权或不同权，这暂且不提，但男女之教养应同等，不应有二。若欲使人类整体保持极高极净之地位，则男子妇人宜接受同样之修养，并以此获得同等之进步。

顺便说一句，据说中村敬宇是首先使用"贤妻良母"这一词语的人。它的意思与后来成为女性修身之范式常被提及的"贤妻良母"并不相同，它意味着女性首先是作为独立个体的公民，并具有培育下一代独立公民之能力。青山千世在回忆中村敬宇时说道："老师讨厌英雄，英雄出则民遭涂炭之苦。不仅男子如此，有时也会出女英雄，与其做女英雄，不如成为贤母良妻，这是老师的一贯主张。"也就是说，中村敬宇的"贤妻良母"一词是用来描述女性公民的。正因为如此，他才会把

"贤妻良母"作为女性教育的理想形象,并为此而强调女性接受高等通识教育的必要性。

中村敬宇在幕末曾作为留学生的督导员被幕府派往英国,在伦敦努力自学了英语。尽管身为担任幕府教学工作的御用儒学家,他还是选择进入小学班级中学习。在那时,他对英国居然有知识水平较高的女性教员一事深感触动。这强化了他在日本开展女性教育(特别是培养女性教员的高等通识教育)的决心。

个人主义和实学主义

在义务教育中,除了"学制"这国家主义的一面,还表现出其个人主义的另一面。可以说这是在教育目的上的个人主义和教学内容上的实学主义。关于学校教育的目的,在与《学制令》一同公布的《太政官布告》(《学制令》的序言)中称赞道,为了"人人立其身、治其产、昌其业,以遂其生",必须"修身、开智、长才艺"。"学问乃立身之资本"是其基本命题。总之,使个人"遂其生"乃是教育的目的及价值,学校将以为之提供手段价值(立身之资本)为己任。

这样,出于个人主义的教育目的规定了教育的内容。教育的内容，"从日常行为、语言、书写、计算为首，到士官农商百工技艺，法律、政治、天文、医疗，必须是人所经营之事"。也就是市民生活所需要的实学。

以上所述教育目的，以及与其相应的内容，至少在事实上与以福泽谕吉为首的明治初期启蒙思想的立场是一致的。甚至也可以认为是受其影响的产物。以福泽的《劝学篇》第一篇为首，有好几种当时的启蒙书都被小学采纳为教科书，由此可见一斑。

"学制"在其理念上否定了等级主义，通过国家主义和个人主义的结合，在谋取教权的强化和集中（官僚化）的同时，从另一方面推进了国民个体的主观能动性的开发（自由化）。这也意味着自行背负上了原本孕育着矛盾的课题。19世纪80年代以后，教育官僚化与自由化的并进因为明治政府与自由民权运动的对决而不得不中断。

不管怎样，始于"学制"的日本义务教育制度，无疑为日本资本主义成立的必要条件之———提供具有一定素质且素质较为均衡的劳动力——带来了保障。

（4）确保对外和平

尤利西斯·格兰特

格兰特对明治天皇的忠告

如前所述，不依赖外国资本（尤其是外债）的自立的资本主义得以形成的另外一个重要原因，就是维新后通过外交手段处理各种对外危机，极力避免战争，尤其是避免与中国之间发生战争，维持了长达超过四分之一世纪之久的和平。立于国家顶点的明治天皇确信，以自立的资本主义为目标的明治日本，其经济上的民族主义与和平是分不开的。明治天皇之所以形成这种信念，是深受美国第18任总统尤利西斯·格兰特（即格兰特将军，1822~1885）的影响。格兰特曾于1879年（明治十二年）来过日本，并直接向天皇提出过忠告。

格兰特曾在林肯总统麾下担任北军总司令官，带领北军取得了南北战争的胜利。南北战争结束后，他于 1868 年当选为总统，并于 1872 年再次当选。1872 年 1 月，他在第一任总统任期内，在首都华盛顿迎来了访美的岩仓使节团，热情接待了使节团一行。在总统任期结束后，从 1877 年开始，格兰特乘坐政府提供的专用军舰，开始了长达两年的世界之旅，经欧洲大陆、爱尔兰、埃及、印度、中国，于 1879 年 6 月 21 日到达长崎，又从长崎沿濑户内海航线在横滨登陆，于 7 月 3 日进入东京，之后作为国宾在东京停留了两个月。7 月 8 日应邀出席天皇亲信右大臣岩仓举办的午餐会，实现了双方自七年半前华盛顿之行以来的再会。

格兰特离开日本之前，于 8 月 1 日会见了天皇。天皇向格兰特请教其对日本有何忠告，此时格兰特给出的忠告之一就是不依赖外债。据日本一方的记录，格兰特给出了如下忠告："一国所应避免者莫过于外债……试观埃及、西班牙或土耳其……他们将本应为国家带来巨大利益的东西悉数抵押出去，时至今日，可称其为本国所有之物已荡然无存……听闻日本（外债）不甚多，很为之高兴。……将来日本也绝不可再兴外债。"

格兰特对外债的不信任感，源于他身为北军指挥在南北战争中的经历。英国支持南军，北军一方无法通过外债筹措军费，只能依靠内债。由此可以推论，格兰特认为外债必然导致承办发行国（乃至具有此能力的国家）直接或间接干涉内政。

中日之间的战争危机

关于这一点，格兰特进一步对天皇说："有些国家喜欢借钱给弱国，以此彰显其权势，笼络弱国。其贷款的目的在于掌控政权，因此常窥伺贷款的良机。在东洋能够勉强部分地免受外国的支配或干涉者，唯日本和大清两国。故若两国大起干戈，他们乐见其成，必欲趁此机会订立专横贷款条约，并肆意干涉两国内政。"

在这里，格兰特先假定中日之间发生了战争，然后强调了这种事态将会诱发的危险：欧洲诸国将趁两国为了筹措军费而发行外债之机干涉两国的内政。1874 年（明治七年）5 月，以中国台湾当地居民杀害漂流到台湾的琉球渔民为由，日本对台湾出兵。从那以后，围绕琉球的归属问题，双方在对立中便埋伏下战争的危机。特别是在格兰特来访日本的那一年（1879年），日本强制进行的"琉球处分"，使中日间的战争危机达到了顶点。

　　格兰特在访日之前，在中国与两位外交负责人会过面。一位是中国清政府负责外交事务的总理衙门的创设者和最高责任者——皇帝的弟弟恭亲王，另一位是驻天津的直隶总督兼北洋大臣李鸿章。通过他们，格兰特听取了清政府对中日琉球问题现状的看法。他们两人都对那一年3月到4月间，日本强行废去琉球王国、转设冲绳县，派遣军队接收首里城，并令琉球国王移居东京，将其编入华族[1]等做法非常排斥。中国原本是琉球的保护国，一直接受琉球国王的朝贡。他们都对格兰特说，日本倚仗军事力量葬送了中国和琉球王国之间传统的国际关系，中国和日本之间存在发展为战争的危险性。两人表示希望能够沿着中国的期望和平解决琉球问题，也就是恢复"琉球处分"前的中华帝国的国际秩序。他们请求即将访日的格兰特在两国之间对此事进行调停甚至介入此事。

　　格兰特在与天皇会见时之所以强调不依赖外债的必要性，跟他所持的中日非战论有关系。从这以后，格兰特的忠

1　指日本存在于明治维新至二战结束之间的贵族阶层。——译者注

告，成了明治天皇的政治信条。后来明治天皇对中日甲午开战所持的消极态度，以及通过侍从长指示当时的松方正义（1835~1924），要他在中日甲午战争后坚持不依赖外债的财政方针的行为，都来自明治天皇基于15年前格兰特的忠告而形成的政治信条。

八洲之“内”与“外”

为了把包括冲绳在内的日本领土观念通过义务教育灌输给国民，明治政府所做的尝试之一，是在“琉球处分”（以及格兰特访日）后的第三年，即1881年（明治十四年）将一首名为《萤烛之光》（原题为《萤火虫》）的歌曲编入当年11月发行的文部省教科书《小学唱歌集初编》中。这首歌第四段开头的歌词中唱道：“千岛的深处，还有冲绳，都是八洲之内的屏障。”现在这首歌几乎已经没有人唱了，但在当时却带有使国民明确国境的含义，即由北方的千岛、南方的冲绳所勾勒出的国境。

顺便说一下，据说这首歌的歌词原本是“千岛的深处，还有冲绳，都是八洲之外的屏障”（山住正己：《唱歌教育成立过程的研究》，东京大学出版会，1967.）。修改歌词，大概是为了强调“千岛”以及“冲绳”与日本的一体性。

大久保利通对出兵台湾的处理

时间回溯到 1874 年（明治七年）。在镇压了以江藤新平为主谋的佐贺之乱以后，大久保利通为了通过外交渠道处理出兵台湾的问题，于同年 8 月从日本出发，9 月抵北京，经过曲折的交涉，于 10 月 31 日与清政府签订了协定。分析这场交涉的最新研究成果，是大久保泰甫的《博瓦索纳德与国际法——台湾出兵事件的透视图》。（岩波书店，2016。）研究基于当时大久保利通的随行法律顾问古斯塔夫·博瓦索纳德，以他在交涉之际对大久保利通的建言为第一手资料。

清政府一方，承认日本"琉球渔民遇难关系到日本主权"这一出兵理由的正当性，认定其为"义举"，并以各种名目支付了合计白银五十万两的赔偿金。作为清政府这一处理的交换条件，日本答应全面撤兵。这样，中日之间避免了战争，事态得到了控制。引领日本自立的资本主义路线，同时也是一位外交家的大久保，为了贯彻这一路线，在国内士族因叛乱被平定而心怀不满，可能威胁国内安定的情况下，依然更重视维持对外和平，并为这一目的倾尽了全力。

条约是在 10 月 31 日签订的，大久保利通在那一天的日记中吐露真言，感慨道："今日和谈终成，条约签署完毕，实感无比安心。且略尽身负之使命，为了国家可贺之至。迄今殚精竭虑之苦言语难表，此生不会再有如此际遇。……今日终生不可忘记。"第二天 11 月 1 日，大久保利通踏上归国路途，虽然当时已经离开了北京，他仍然在日记中重温了这种成就感："从北京出发，心中仍觉畅快。呜呼！得遇如此大事，古今稀有，此生再无，"同时对未来充满自信地写道，"思往事，想将来，心中之事，窃有所期。"

大久保的顶峰和结局

两年后的 1876 年（明治九年）5 月，当时负责内务省驿传部门的前岛密，拜访了内务卿大久保利通的私邸，并自带丝绢请求题字。大久保利通立即挥毫写下一首七绝，这首诗抒发了当时从北京归国途中，他在船上时的心境。诗云："奉敕单航向北京，黑烟堆里蹴波行。和成忽下通州水，闲卧蓬窗梦自平。"并落款"下通州，甲东（大久保利通的号）"。根据前岛的自传之四《鸿爪痕》收录的前岛口述（由吉田东伍记录），对于在挥毫之际选择了这首七绝的理由，大久保利通曾自言自语说：

大久保利通的七绝

"迄今为止非它莫属（意思是说迄今为止的得意之作，也只有它了），此后也不再有。"一边说着一边搁笔。正如他自己所认可的那样，签订《北京专约》、解决了中日间战争危机的 1874 年（明治七年）10 月 31 日，可以说是他政治生涯的顶点了。同时他也借此换来了自己主导的自立的资本主义路线所需要的和平环境。

大久保利通这首七绝，最初写于 11 月 2 日的日记中，题为《舟中偶成》，共两首，此为其中的一首。它的第一句原本是 "星使乘龙驰北京"，描绘了一幅华丽的自画像，后来才把这一句改为 "奉敕单航向北京"。在两年后的 1876 年为前岛密挥毫写下的是修改后的这句。

1874 年登上仕途巅峰的大久保利通，于四年后的 1878 年（明治十一年）5 月 4 日早晨，在乘马车去往太政官办公的赤坂临时御所（现在的迎宾馆）的途中，经过纪尾井坂的清水谷附近时，遭遇埋伏在此的石川县士族岛田一郎等六人暗杀，他的人生就这样突然落下了帷幕。（关于该事件及其背景，参见远矢浩规：《利通暗杀》，行人社，1986。其中有详细记载。）在记录了暗杀理由的《斩奸状》中，有一条是："误导与外国交际之道，以致国权失坠。"这一控诉具体说来，毫无疑问源于对出兵台湾一事善后处理的不满，认为它导致了中日间妥协性的和平。

西乡隆盛的愤懑

在外交谈判的前一年（1873），因征韩问题与大久保利通争论而败北下野的西乡隆盛（1828~1877），就已预料到大久保与清政府的交涉不会以决裂告终，而是会通过妥协来平息事态。在大久保启程前往北京之后，西乡隆盛在寄给跟他一起下野的萨摩藩同僚筱原国干的书简中，阐述了这样的见解："不必担心谈判破裂。因此大久保利通才启程前往的。"西乡隆盛信中辛辣的文字直指前往交涉的大久保利通是"和魂之辈，全然不知战斗之机"。

历史学家萩原延寿，曾引用西乡隆盛的书简讲述了大久保利通在北京交涉的结果。关于西乡对大久保的这种无法抑制的愤懑之情，他曾这样写道："和魂之辈（喜好和平的一众），也就是说，可以称得上是一种对大久保利通的厌恶和侮辱的感情，随着激烈的语言倾泻而出。……无可否认，这封信的措辞在西乡的书信中很少见，读后令人有一种浑浊不清的感觉。"

（萩原延寿:《北京交涉 遥远的悬崖——厄内斯特·萨道义日记抄十一》，朝日新闻社，2001。）

暗杀大久保利通的岛田一郎等人赞同西乡的征韩论，对于征韩论败北和西乡下野十分激愤，支持了西乡的叛乱。（参见远矢浩规:《利通暗杀》。）关于出兵台湾的善后处理，他们对于西乡隆盛所说的由"和魂之辈"大久保利通的交涉而带来的和平怀有强烈不满，可以说这是他们暗杀大久保的原因之一。

顺便说一下，正如萩原所提及的那样，当时理应主导出兵台湾一事的参议兼海军卿胜海舟（1823~1899），也反对出兵，并拒绝出席内阁会议。其理由是，出兵台湾恐怕会成为中日甲午战争的导火索，而且一旦战争爆发则会因为外债以及通货膨胀给国家财政带来灾难性影响。这与五年后，在因出兵台湾而导致中日两国面临冲突危机时，格兰特对明治天皇的忠告一致。明治天皇深有触动，对此前文已有叙述。对于日后的中日甲午战争，至少在开战初期明治天皇是极为消极的，对于战后的国家财政也怀有极大的忧虑。胜海舟后来也公开提出过反对中日甲午战争，他的论据在其反对出兵台湾的意见中已经可以看到。

3 自立的资本主义的财政路线

松方财政的两大支柱

如前所述，由大久保利通率先倡导的明治国家自立的资本主义，具有消极的外债政策、保护主义的产业政策，以及对外的妥协政策等主要特征。而将日本一国的资本主义在财政上落到实处的，是大久保利通的继承人松方正义的财政政策。松方正义是通过明治十四年（1881 年）的政变作为经济领导者而登场的。明治十四年政变之前，负责财政的一直是大隈重信，松方正义把他的路线从根本上进行了转换。此前，为了筹措西南战争的军费，曾增加了不兑换纸币的发行量，伴随"殖产兴业"政策而产生的财政支出，又导致了本位货币不足。为了应对这些问题，大隈提议发行巨额外债。与之相反，在把大隈逐出政府的明治十四年政变之后，取代大隈重信管理财政的松方正义简直就像复制了格兰特对明治天皇的劝告一般，他举出了埃及、土耳其、印度等国的先例，强调了在不平等条约体制下依赖外债的危险性。

作为代替发行外债的选项，松方制定了以下两条措施。第一，强行进行所谓的超均衡财政，即一方面实行严格的紧缩政策，在抑制财政支出的同时，另一方面增加税收，尽可能多地创造剩余财政收入，然后把创造出来的剩余财政收入用来偿还不兑换纸币以及转入本位货币储备金。松方财政与后来的井上（准之助）财政，以及太平洋战争后作为占领政策的一环被强制执行的紧缩政策——道奇路线，同为日本财政史上非常例外的紧缩财政政策。

松方正义所采取的第二条措施，是积极的本位货币供给政策。通过运用名目上为政府"储备金"的财政资金，实行一种贸易管理以及汇兑管理政策，试图以此增加本位货币储备。政府把"储备金"中的资金以纸币形式贷给出口从业者，出口从业者在国外收取销售货款时，需要通过政府的对外金融机构——横滨正金银行收取外币。通过这种手法，政府把纸币转换成为外币，推动了本位货币的积累。政府同时积极推进官营贸易，同样尝试从这一渠道吸收本

松方正义

位货币。这样，在松方正义就任大藏卿（明治十四年十月）之前，本已锐减至 869 万日元的本位货币保有额，在大约三年后的 1885 年（明治十八年），增加到了 3832 万日元，是原来的四倍多。

在这两项财政政策的基础上，松方正义在 1882 年（明治十五年）设立日本银行，推动了信用体系的整备。政府以大藏省官票的形式发行的纸币，以及其他各国有银行发行的纸币，逐渐一体化为日本银行券，推进了财政和金融的分离。就这样，松方财政在不依赖外债的条件下，实现了增加本位货币储备、稳定通货价值，以及建立信用制度的目标，同时也为克服因明治十四年政府分裂所导致的政治危机做出了贡献。

政府主导的产业化路线与前田正名

1881 年（明治十四年）4 月，由内务省分离出的劝农局和由大藏省分离出的劝商局合并成立了农商务省，但它未能成为扩大发展以往由政府主导的保护主义产业政策的据点。在大久保利通去世后，松方正义担任内务省劝农局局长，受到大久保在任时对官营设施的废止和民营化处理措施的启发，将这一方针全面应用到了劝业政策上。（梅村又次，中村英编：《松方财政与殖产兴业政策》，第八章，国际联合大学，1983。）

可以说松方财政的基本路线也贯彻到了农商务行政领域。

在农商务省内部，也有起草了《兴业意见》原案的前田正名（1850~1921）这样的后起之秀。前田出身萨摩，受大久保利通的熏陶，继承了由政府主导的产业化路线，并怀有将其进一步扩大发展的强烈意向。前田正名尝试以农商务省作为推进机构进行了改革。他作为农商务大书记官，试图把权限集中于书记局，并使农商务省强行进军各府县的产业行政。这引起了省内和省外的抵抗。1885 年（明治十八年）12 月，前田正名遭到带有顽固的反萨长情结的农商务大臣谷干城的停职处分，不得不暂时离开了农商务省。

在前田正名任职期间，比他年轻四岁的高桥是清，在前田农商务省起草《兴业意见》时，正在其麾下担任调查科长，接受过前田的直接指导。高桥是清深受前田正名的影响，这种影响一直延伸到他后来就任财政经济领导者时的使命感和价值观中。高桥是清后来在以原敬为首相的政友会内阁中担任大藏大臣，他在自传中写道："即使在原敬内阁时代，我也经常被说'你总是满口根本、国家什么的'，这其实是源于我在农商务省第一次见到前田君时的感受。"

前田正名

前田正名和原敬的争执

前田正名被停职后，曾任山梨县知事，在1889年（明治二十二年）2月以工务局长身份重返农商务省，后来历任农商务局长和农务次官。在此期间，后来的原敬（1856~1921）首相也在农商务省，两人曾在这里相遇。但原敬与高桥是清不同，他在省内行政上与前田正名反目了。原敬在担任驻法国公使馆书记官后，于明治二十二年四月得到当时的农商务大臣井上馨的举荐，作为参事官调入了农商务省。之后，原敬在井上馨的继任者岩村通俊农商务大臣的手下担任大臣秘书官，但是其活动范围遭到前田及其支持者们的限制，不能大展宏图。当时，原敬曾在日记中屡屡表达对前田正名以及前田派的愤懑之情，他抱怨道：

　　自井上伯爵辞职以来，省中形势大变，生出一种党派（余等称之为帮派团伙），并推举次官前田正名为党首……老人们频有所图，……如余等秘书官，以可以不参与政事为由被束之高阁，除些许俗务之外无事可做。到省中来也不过是终日翻阅各种报纸罢了，甚至连报上的小说与社会新闻都细细读过。虽有不平却也无可奈何。跟余处于同一境遇者，省中不在少数，除其党派一众之外，省中官吏，几乎半数皆无事可做。（《原敬日记》第一卷，福村出版，1956。明治二十三年二月二十四日记录。）

　　之后不到3个月，岩村通俊农商务大臣因病辞职。原敬作为秘书官，推测其辞职的原因之一就在于前田次官，"次官前田等人结成小党派，小动作频仍，……考虑到这也是促使他下定辞职决心的原因之一，因此不忍强行挽留之"。（同上，明治二十三年五月七日）跟明治十年代后半期在农商务省产业化政策推进，以及农商务省改革中被前田正名的热情和使命感所感染的高桥是清不同，在明治二十年代的农商务省中，原敬把前田正名与前田派视为单纯的守旧派，认为其与萨派无异。他判断现状"不能为他日有所为而奠定根基"，决心离开农商务省。

原 敬

后来打破这种状况、为原敬打开前途之门的，是继岩村通俊之后就任农商务大臣的原驻美公使陆奥宗光（1844~1897）。陆奥宗光请求原敬留任秘书官一职，并且扩大了秘书官在省内行政中的权限。明治二十五年五月二十四日之日记所记"有关官吏的任免，定级之事宜，皆属秘书官之事务，因此余被任命为权衡委员"即指此事。在陆奥宗光就任 13 天后，前田正名辞去了次官的职务。原敬按照自己的计划修改官制，在事实上掌握了人事权。他一方面迫使省内的前田派停职（原敬在明治二十三年六月二十一日的日记中称"淘汰老朽"），并同时录用了原龟太郎（即原嘉道，后来的司法大臣、枢密院议长）等五名毕业在即的法科大学生为见习官，理由是："因近来大学生的录用较少，因此欲不断培养有为之少年。"（同上，明治二十三年六月九日）总之，原敬与陆奥宗光同样怀有反藩阀的情绪，但这种情绪并没有针对长派的井上馨及伊藤博文，而是全部泄向了萨派的前田正名，为了排挤他，在人事政策上采取了"淘汰老朽""录用新人"的政治战略。

另外，原敬为了根绝前田重返农商务省的可能性，把原属省内管辖，前田在担任次官时兼任校长的农林学校移交给了文部省来管理，以建设帝国大学农科大学。关于这种政治战略的意义，原敬在明治二十三年六月十三日的日记中有详细说明。

> 农林学校校长一职在上月 30 日次官前田正名辞职后一直空缺。……（此校）有一种萨摩系学校的气氛，实属不妙。自前田辞职以来，林、农、兽医三学科长一直为前田校长的复任而奔走，……恳求过陆奥大臣，未被采纳。只好再次运作，想促成萨人（元老院）议官海江田信义为校长。由此可窥其为萨摩学校之一斑。……有人甚至判断前田有野心保持与农林学校的紧密关系以期他日成为大臣，秘密唆使一众教员为之活动。总之，这所学校与其归属农商务省，不如归为学问系统上的文部省来得妥当，且更为上策，因

此作此处理。……而在最后执行之前无人知晓，完全是突出此策。

就这样，农商务省管辖下的农林学校被移交给文部省，成为了帝国大学农科大学，可见原敬的意图在于一扫农商务省内的萨派据点。顺便说一下，高桥是清在农商务省任特许局长时，曾兼任农林学校校长。由此也可以看出高桥是清的亲萨派、亲前田派立场。

大久保利通之后的两条路线

言归正传，在 19 世纪 80 年代中期的农商务省，由全盛期的前田正名构想、以"兴业意见"原案为蓝图、由政府主导的积极的产业化，究竟是否实现了呢？从结论来看，既然大环境是松方正义的非外债政策，那么就缺少推进产业化政策所需的稳定的产业资金供给源，最终必然会因为松方紧缩财政的要求而崩溃。继承了大久保利通非外债政策的松方正义，和继承了大久保利通积极的产业化政策的前田正名，在大久保去世后，彼此的路线却互不相容。

在明治十四年政变以后重组的明治政府中，松方正义通过

解决财政危机而确立了财政经济领导者地位，并最终制服了前
田正名。后者在"兴业意见"原案中，阐述了通过产业金融机
构"兴业银行"的融资来振兴出口产业，以及开发新交通方式
等意见，批判了松方正义的紧缩政策，但此意见没有定稿，以
未完成稿告终。

4　甲午战争与自立的资本主义的转变

松方正义的外债导入政策

不平等条约下的日本，其自立的资本主义开始转变的分水岭，就是甲午战争。甲午战争于 1894 年（明治二十七年）8 月 1 日开战，在此之前的 7 月 16 日，日本签署了《日英通商航海条约》，通过废除领事裁判权恢复了日本的司法权，并为提高进口关税铺平了道路。这是日本第一次修改条约，是日本解除不平等条约的第一步。正式实施是在五年后（1899 年），这一年日本决定募集新的外债，这是自 1873 年以来，时隔 26 年又一次募集外债。当时提出这项倡议的是时任第二次山县（有朋）内阁大藏大臣的松方正义。松方正义财政在甲午战争以后，由松方本人亲手改变了其基本路线。

明治天皇的甲午战争观

顺便提一下，甲午战争爆发后，明治天皇在 1895 年 4 月 21 日，通过侍从长德大寺实则，就战后的财政方针对松方大藏大臣下达过一个指示。天皇认为，战后的财政收入应该避免外债，这是天皇多年来所持的信念。侍从长传达给松方正义的天皇"御旨"内容如下：

作为战争之结果，陆海军扩张论必起，加之占领地的诸费用，虽需要庞大金额，但必须确定大藏之基础，不起外债而以内国债相偿，此事至关重要。……起外债之弊害，早年格兰特将军的建议中，已经言明。（大久保达正主编：《松方正义关系文书》第八卷，大东文化大学东洋研究所，1987。）

这就是 16 年前原美国总统格兰特的忠告中的理念，天皇始终坚信。尽管接到了天皇的直接指示，但在甲午战争后，以非外债政策为基本前提的松方正义财政还是发生了根本性的转变。明治天皇的思想没有改变，但松方正义的信念却变了。甲午战争刚刚爆发时，宫内大臣土方久元就派遣何人为敕使前往伊势神宫送交开战报告一事，请天皇圣裁之时，天皇满怀激愤地断言说，中日战争乃是 "臣下发动的战争"，这一事实被载入了《明治天皇纪》第八卷。由此可见，天皇对于甲午战争本身持消极（甚至否定）态度。他的想法与负责打理战时财政的松方正义的战争观之间，存在很大的差异。

向国际资本主义转变

如前所述，体现了经济民族主义的、以甲午战争前的非外债政策为基本前提的自立的资本主义，随着甲午战争后日本放弃非外债政策而发生了根本性变化。修改条约增加了关税收入，又利用战争赔款建立起金本位制，使得日本变得适宜引入外资了。换言之，部分废除了不平等条约和甲午战争的胜利极大地增强了日本资本主义的对外信用。在这种变化的基础上，日本资本主义对外资的依赖度从外债开始有了明显的持续性增长。日本资本主义的第二种类型——国际资本主义由此登场。促使这一类型资本主义出现进一步实质性发展的，是日俄战争。

5　日俄战争和向国际资本主义的决定性转变

夏目漱石眼中的债务国日本

　　1904 年（明治三十七年）2 月 10 日，日俄战争甫一开战，日本就在 2 月 17 日的内阁会议上制定了发行外债的方针，即为了筹备军费发行限额为 2000 万英镑的外债。当时日本银行的副总裁高桥是清也随即被派往纽约和伦敦，交涉外债募集和合约签订事宜。翌年 2 月，为了能够顺利完成这一任务，高桥被任命为新设的帝国政府特派财政委员。在之后的三年间，高桥是清在海外活动中六次发行外债，总额达 1 亿 3000 万英镑（13 亿日元）。经过这些外债的累积，日本的外债依赖度在质和量上，较日俄战争之前都实现了飞跃性的增长。

　　关于此事的意义，夏目漱石（1867~1916）曾在 1909 年（明治四十二年）连载于《东京朝日新闻》的小说《后来的事》中，借主人公长井代助之口说道：

　　　　还有什么国家像日本这样穷得一身是债吗？这些债何时才能还清呢？当然，这些外债总会还清的，但是光指望借债总是不行的。日本这个不向西方国家借钱就无法自立的国家，竟然要以一等大国自居，硬是要挤进一等大国中去。所以，它只好削足适履，限制各方面的深入发展，从面上铺开一等大国的规模。如此勉为其难的样子，更令人感到可悲，不啻是青蛙同牛逞强，你想想看，当然要撑破肚子啦。[1]

国际资本主义诸相

这就是当时夏目漱石眼中，日本的国际资本主义的现实。第一，外债不仅膨胀到以前的六倍以上，而且为了偿还已发行的外债，又必然会导致新的外债。日本在财政和经济上已经固化了对外债的依赖。为了维持在战争中获得的在"南满洲"的权益，又进一步增加了依赖外债的必然性。这就必然导致日本被拉入国际金融体系，以及与之紧密相连的国际政治体系中。

日俄战争前日本的外债募集对象国仅限于英国，但在日俄战争后，还扩大到美、德、法三国。1904 年 5 月，第一次 6% 利率公债发行之际，美国银行团在库恩·洛布商会（Kuhn

---

1 《东京朝日新闻》明治四十二年七月二十九日，《朝日新闻》2015 年 5 月 18 日再次登载。译文引自夏目漱石:《后来的事》，吴树文译，上海译文出版社，2017。——译者注

Loeb&co.）的负责人、德裔犹太人雅各布·H. 希夫（Jacob
H. Schiff）帮助下加入进来，此后四次的外债他们都接受了。
在 1905 年 7 月的第二次 4.5% 利率公债发行之际，德国银行
团也加入英、美的行列。这是由希夫的亲戚、汉堡的银行家 M.
沃博格（Max M. Warburg）促成的。日俄战争结束后，1905
年 11 月又发行了利率为 4% 的公债，本是俄罗斯盟友的法国
银行团也加入进来。1907 年 3 月，为了偿还 1904 年的第一
次、第二次 6% 利率的 1200 万英镑的公债，又发行了 2300
万英镑的 5% 利率的公债，法国银行团跟英国银行团各购入一
半。这与同年 6 月签订的日法协定，以及 7 月签订的日俄协定
有密切的因果关系。因为在原本的法俄同盟与英日同盟之上，
英俄两国签订了新的条约，为了应对这一变化，法国期待签订
日俄、日法协定。为了推进当时搁浅的日俄交涉，法国以接受
公债发行作为妥协条件。洞悉局势的法国政府，承认了法国银
行团购入的日本发行的公债。

国际金融家高桥是清

日俄战争以后，日本对外债的依赖度在量和质上都不断
增加，增加的最后，是以高桥是清为首的国际金融家们登上
了舞台。如前所述，高桥是清是在大久保利通所主导的不平等

条约下的自立的资本主义腹中孕育出来的经济专家，这一体系的价值观和思考方式已经深刻固定在他的内心深处。因此，在资本的国际性自由流动中，与其说他是积极的自由贸易论者，不如说他是一个消极的保护贸易论者，对于外债，他本就是持否定态度的。1907 年 3 月，高桥是清彻底结束外债发行任务后，于同年冬天访问中国清政府，会见了过去曾在引入外债铺设铁路等事宜中起到主导作用的湖广总督张之洞。那时，他援用格兰特对明治天皇的话，对张之洞提出了"绝对不要向外国借款"的忠告。(高桥是清:《随想录》，千仓书房，1936。)

以自立的资本主义为信条的松方正义和高桥是清，为了应对甲午、日俄战争所带来的国际政治经济状况的变化，主导了自立的资本主义的转变。特别是违反了自己原来的信条，率先把日本对外债的依赖度提高到空前水平的高桥是清，可说是不期然地成了从自立的资本主义向国际资本主义类型发展的过渡时期的经济领袖。

6　国际资本主义领袖的登场

井上准之助的崛起

日俄战争以后，在日本银行内部受到高桥是清的青睐，以国际金融家的身份崛起的是井上准之助（1869~1932）。1908 年，高桥是清并没有按照通常的升迁顺序把时任营业局长的井上晋升为理事，而是把他调往纽约、出任驻纽约日银监督。据高桥是清后来对此事的回顾，这种不按惯例行事的人事调整，是为了提拔井上、从日银内部培养国际金融家而特意安排的。这不管在当时还是后来，都被视为 "左迁"，井上准之助本人也对自己被保留了升任理事的人事处理很不满。但在纽约的工作，至少从结果上看，为他成为国际金融家的前途铺平了道路，这是毫无疑问的。

三年之后，高桥是清兼任日银总裁及横滨正金银行行长，他令萨摩系的三岛弥太郎就任正金行长的职务，并推荐了井上准之助担任实际操控正金实务的副行长一职。三岛弥太郎是三岛通庸的长子，明治十年代后半期，三岛通庸曾任福岛县令，瓦解当地抵抗势力，强行构建了地方产业的基础。另外，他还曾任警视总监，在执行安保条例时与自由民权派进行过斗争。正金银行是在政府监督下专门处理外国汇兑的金融机构，是接

井上准之助

受日银的特别融资，在对外事务上配合日银活动的特殊银行。
井上准之助此后紧跟在高桥是清和三岛弥太郎身后不断晋升。
1913 年，高桥是清加入政友会，从日银总裁成为第一次山本
权兵卫内阁的藏相，三岛弥太郎则继高桥是清之后出任日银总
裁，井上准之助继三岛弥太郎之后被任命为正金行长。高桥是
清后来又成为原敬内阁藏相，1919 年三岛弥太郎病逝之后，井
上准之助继承三岛弥太郎之职，被任命为日银总裁。

　　但是，井上准之助与作为高桥是清成才之摇篮的萨摩系
之间在人员以及政策上，并不具有亲缘性。那是因为出生于
明治二年（1869）的井上准之助，并未继承出生于嘉永七年
（1854）的高桥是清所背负的不平等条约下的自立的资本主义
传统。井上准之助的起点跟高桥是清不同，甲午战争后的国际

资本主义才是他的起点。

　　高桥是清通过在日俄战争中发行外债与德裔犹太人的投资银行库恩·洛布商会（特别是其负责人 J. H. 希夫）之间建立了深厚的信赖关系。井上准之助则是与在第一次世界大战中为协约国筹措资金和物资，为协约国的胜利做出过贡献、并在战后的国际金融中具有压倒性影响力的盎格鲁－撒克逊系的投资银行摩根公司建立了密切联系。这种殊途使第一次世界大战后的国际金融家高桥是清和井上准之助之间产生了差距。

四国借款团与井上－拉蒙特

　　高桥是清在第一次世界大战之后便从金融的第一线退了下来，而井上准之助则依仗摩根公司，尤其是在其中心领导人物 T. W. 拉蒙特的信赖和支持下，登上了日本对外金融领袖的位置。井上准之助作为国际金融家所起到的作用，就是协助拉蒙特使日本加入了 1920 年成立的美英法日四国对华借款团，并以此为媒介强化了与英美国际金融资本的合作。这一举措使 20 世纪 20 年代的日本向国际资本主义的转变成为定局。

　　在结成的美英法日四国对华借款团的交涉中，围绕是否应该从其活动范围中剔除日本主张对其具有特权地位的"南满洲"和东部内蒙古（即所谓的满蒙）这一问题，要求满蒙应该除外（即日本保留满蒙）的日本一方与其他三国的交涉遇到了困难。为打开局面，1920 年 3 月到 5 月，拉蒙特应美国国务院的要求，代表美国银行团来到日本。代表日本与拉蒙特进行交涉的正是时任日银总裁的井上准之助。双方交涉的结果是，日本一方接受对借款团的活动范围不设置例外的原则，而美英法三国则接受日本在满蒙地区拥有特权地位的现实，事实上不开展借款团在这一区域的共同事业。四国对华借款团的成立，是建立在与日本的这种默契之上的。

拉蒙特在结束对日交涉后，给国务院拍的电报中，这样评价了井上准之助在交涉中的作用。

我得到了日本银行团真挚的协助。但是日本银行团的每个成员都缺乏将他们的见解强力展示给国民和政府的勇气，只有日银总裁井上准之助是个例外。因此，负担都加在了他的身上。他就是所谓的近代日本自由主义者之中的优秀典型。在满蒙保留方式的问题上紧咬不放，如今更是奋力使日本政府明白解散动摇政府的军阀的必要性。

井上准之助曾在其成立过程中起过重要作用的对华四国借款团，成为 1922 年华盛顿会议后形成的华盛顿体系的重要一环。对于四国借款协定和华盛顿体系的关系，无论是银行团的人还是各国政府都有清楚的认识。总之，可以说在华盛顿体系成立之前，四国借款团已经形成了这一体系的经济部分。拉蒙特第一次世界大战以后作为美国使节团随行人员参加了巴黎和会，他把四国借款团称为"小国际联盟"（A Little League of Nations），可以说他已经把四国借款团定位为战后国际政治体制不可分的一环。

日美间的"新同盟"

以带有这种政治性的四国借款团为媒介，井上准之助致力于把美英的资本（尤其是美国资本）引入国内。从 20 世纪 20 年代到"九一八事变"前夜，这项工作一直在集中进行。拉蒙特 - 井上路线成为引入英美资金的主要途径。英美国际金融资本的这种关心与他们对中国市场的不关心呈反比例增长趋势。也就是说，作为投资对象，相对安定的日本较政治经济日趋不安定的中国获得了越来越高的评价。

1923 年，以开发朝鲜半岛为目的，由国家城市银行以及其他银行承接了约 2000 万美元的东洋拓殖会社公司债。另外，在关东大地震次年的 1924 年，为了赈灾复兴，以摩根公司为首的美英银行团承接了日本发行的政府公债。接着，东京、横滨两市的市债也通过摩根公司之手在纽约市场上发行。这种英美资本的流入一直持续到 1930 年，在此期间发行的外债包括：1928 年通过拉蒙特发行的作为东京电力前身的东京电灯公司债、1929 年作为黄金解禁的准备而发行的 2500 万美元的信用贷款户头，以及 1930 年台湾电力公司债的承接发行等。随着日美间国际金融关系的密切化，以摩根商会为中心的银行团在决定承接赈灾复兴公债的发行时，负责与拉蒙特交涉的日本大藏省驻海外财务官森贤吾曾向拉蒙特表示，这种合作可以形容为一种"新同盟"（A New Alliance）。

　　如上述所见，井上准之助通过其作为国际金融家所发挥的作用，已经在事实上主宰了第一次世界大战后沿华盛顿体系的结构而展开的日本经济外交。1927 年，为了诊断金融恐慌后的日本经济状况，拉蒙特再度来到日本，在井上准之助的提案的基础上，他提出了"南满洲铁道株式会社"美元公司债的发行问题。井上准之助是当时的田中义一政友会内阁下负责处理和应对金融恐慌的日银总裁，据说田中义一一直就有意起用井

上准之助为外相，展开"经济外交"。可以认为，井上准之助所
期待实现的以将美国资本导入南铁为目的的"满铁美元"公司
债发行计划，就是其中的一环。

国际金融"帝国"

1927 年，为了视察金融恐慌后的日本经济状况，拉蒙特
再次来日，在把井上准之助关于满铁公司债发行计划以及日本
金融形势的意见向本国汇报的电报中，他评价这一意见极具
信赖价值，说："井上说着和诺曼（Montagu Norman）、斯
特朗（Benjamin Strong），以及我们所有人都一样的金融术
语（Financial Language），我从没见过他偏离直线。"这里所
提及的 M. 诺曼是英格兰银行总裁，B. 斯特朗是纽约联邦准备
银行总裁，"我们所有人"指的是组成摩根公司的共同出资者。
国际政治经济史学家赫伯特·费斯（Herbert Feis）评价诺曼
和斯特朗时说："国际金融是他们的帝国，他们试图阻止所有蛮
族对帝国的入侵。"

由斯特朗以及诺曼所指导的"帝国"的价值体系正是井上
准之助与之共有的，这是井上准之助作为国际金融家的信用基
础。这种价值体系的基本要素就是金本位制，这也是井上准之

助作为国际金融家以及政党政治家为黄金解禁押上自家性命的
原因。作为建立并维持金本位制的必要条件，井上准之助致力
于推进货币积累的紧缩政策。紧缩政策是第一次世界大战后国
际金融"帝国"的基本政策。这是国际金融资本支持（即提供
短期信贷）日本黄金解禁的条件。随着国际金融资本在日本投
资的增加，日本的对外信用被强烈关注，不仅政府财政，私企
经营也被要求实行紧缩政策。日本在这一时期所进行的军备紧
缩也属于紧缩政策的一环，这是以金本位制为基本政策的国际
金融资本内在的必然要求。井上准之助之所以能够得到美国华
尔街以及英国伦巴第人街的国际投资银行的全面支持，也是由
于他具有金本位制所要求的紧缩政策的信念，以及实施这种政
策的政治实力。也就是说，对美英的国际金融资本来说，井上
准之助的存在意味着能够对日本的债权起到最大的担保作用。

黄金解禁的意义

如上所述，井上准之助借助 1920 年在拉蒙特的协助下成
立的对华四国借款团，推进了国际金融合作，尤其是日美英间
的国际金融合作。这一做法最终达成了黄金解禁。所谓的黄金
解禁（解除第一次世界大战中日本停止日元兑换黄金、禁止黄
金出口的禁令），是指导入再次连接日元和黄金的金汇兑本位

制（Gold Exchange Standard）。这意味着日本接受了构成战后的国际金融乃至国际社会的基本前提。

　　黄金解禁的实施是在 1930 年 1 月 11 日。10 天后的 1 月 21 日，在伦敦召开了以限制辅助舰为目的的海军军缩会议，日本也参加了会议。这两大重大事件在这一时期的相继发生，可以说与金本位制和紧缩政策——特别是占其很大比例的军缩[1]政策都有密切的关系。

1　军备缩减的简称。——译者注

7 国际资本主义的没落

国际金融家时代的终焉

井上准之助作为浜口雄幸民政党内阁藏相所推行的黄金解禁政策尚未彻底落实便与世界恐慌的波澜相叠，导致了国内经济的不景气。在黄金解禁实施的第二年，即1931年9月，关东军为了扩大在"南满洲"的权益，发动了控制中国东北部一带的军事行动——"九一八事变"，支撑金本位制的紧缩政策的根基（军缩）也因"九一八事变"而被动摇。作为其结果，井上准之助的黄金解禁政策以失败告终。同时，促进与支持这一政策的国际金融资本的生存基础也开始动摇。

这一方面体现在金本位制的现实（以及信仰）的崩溃，另一方面则表现在世界自由贸易的收缩、关税壁垒的强化、各国国家资本和经济民族主义的抬头。英国在"九一八事变"爆发三日后的9月21日脱离了金本位制，美国也在1933年3月6日富兰克林·罗斯福就任总统的第三天禁止了黄金的出口。同年，美国通过"银行业法"（Banking Act）对商业银行和投资银行进行了分离，参与四国借款团的美国银行团的多数成员都失去了承兑以及出售证券的功能。罗斯福政权下的美国，通过带动了罗斯福新政的 RFC（Reconstruction Finance Corporation）这样的国家金融机构，强化了国家在对外金融上的直接主导权。也就是说，作为国际金融中枢的华尔街的投资活动已经衰退，国际金融网络被摧毁。国际金融家的时代已经终结，开启了国家资本的时代。

国家资本的时代

在日本，1931 年 12 月 13 日，以高桥是清为藏相的犬养毅政友会内阁代替以井上准之助为藏相的若槻礼次郎民政党内阁上台。新内阁决定再次禁止黄金出口。次年的 1 月 28 日，以中日两军的冲突为开端爆发了第一次"上海事变"[1]，英美资本因此从日本撤离；同年 2 月 9 日右翼恐怖分子对井上实施了暗杀。可以说这两个事件意味着日本国际资本主义时代的终结。

井上准之助去世后，作为财政以及经济领袖的高桥是清的作用自然增大了，但这并不意味着国际金融家高桥是清卷土重来，而是意味着主导焕然一新的"自立的资本主义"的国家资

---

1 即"一·二八事变"。——译者注

本拥护者高桥是清登场。（以上日本"自立的资本主义"的形成、向国际资本主义的转变以及国际资本主义的没落，参见三谷太一郎：《华尔街和远东——政治上的国际金融资本》，东京大学出版会，2009。特别是Ⅱ-3部分。）高桥是清的财政应对政策后来被这样评价：他提供了在早期就摆脱世界恐慌的实例，令人联想到事实上的"凯恩斯"理论。或许可以说在扩大公共事业费，以及强化出口能力的积极支出上，他又回归了在明治初期曾推进了"殖产兴业"、由政府主导的积极的财政政策。正如上文已经指出的那样，这是因为年轻时的高桥，对始于大久保利通的萨摩系经济领袖的、贯穿"殖产兴业"政策的自立的资本主义思想，有着强烈的共鸣。

但是，高桥是清在20世纪30年代抱着复活政党政治的意图而尝试进行的自立的资本主义试验，也与在反政党政治的最终结果——"二·二六事件"中死亡的高桥本人有着相同的命运，自那以后，日本资本主义开始变质为从属于战争体制的资本主义，这是日本从自立的资本主义向排外的资本主义转变的过程。

自由"贸易"及其终结

如序章中指出的，沃尔特·白芝浩把"贸易"作为拉开英国近代帷幕的“基于讨论的统治”的推动力之一。白芝浩所理解的“贸易”是自由交流的扩大，但是 19 世纪后半叶的英国的“自由贸易”，对其贸易对手国（特别是被不平等条约所约束的后进国）来说却并不意味着“自由贸易”，这被后来英国的经济史学家们称为“自由贸易帝国主义”。为了与之对抗，高桥是清继承了在他之前的经济领袖（同时也是政治领袖）们的路线，并提出了被称为“高桥财政”的政策，这正是披上了新装的“自立的资本主义”。

对白芝浩所积极推荐的自由“贸易”逻辑较为忠诚的是井上准之助。他取代了日本自立的资本主义时代最后的领袖高桥是清，在第一次世界大战后的“大正民主主义”时期成为日本国际资本主义时代的领袖。井上准之助是为日本的国际资本主义的价值观（金本位制和国际协调主义）做出过最大贡献的金融家、政治家。在 20 世纪 30 年代初，当长期以来支持金本位制的英国从中脱离、“九一八事变”以后日本放弃了支持东亚和平的国际协调主义时，作为经济、政治领袖的井上准之助也就失去了他的基础。而这一危机也波及日本“基于讨论的统治”本身。

第三章

———

日本为何，以及如何

成为殖民帝国的

———

———

1 向殖民帝国迈进的日本

何谓殖民地

日本是亚洲历史上最早、恐怕也是最后的,唯一一个有过殖民地的国家。这里所谓的"殖民地",指的是从属于某个特定国家的主权,但被这个国家区别对待,不执行其宪法以及其他法律的领土。

对于殖民地,日本往往制定仅适用于当地的特殊法,由帝国议会以外的立法机构——枢密院、军部等通过驻当地机构(例如台湾总督府、朝鲜总督府等)来执行。宪法学家美浓部达吉把"殖民地"称为宪法上的"异法区域"或"特殊统治区域"等。另外,政治学家吉野作造所倡导的殖民地改革法,就是首先把"异法区域"与本国一样置于同样的"法治"——换言之,就是各种近代宪法所共有的原理"宪法之本旨"——之下。

总之,如果其国土中包含了被排斥在本国"法治"以外的领土,那么这个国家就是"殖民帝国"。这种意义上的"殖民地",已经从本国的"法治"下解放出来,自然要对其实施不受本国制约的政治上、经济上、军事上的统治。

殖民帝国日本的地图

日本踏出殖民帝国的第一步，是在中日甲午战争前后。如前章所述，是在日本资本主义从不平等条约下自立的资本主义转向修订条约后的国际资本主义的这一时期。日本通过甲午战争把台湾以及澎湖列岛化为殖民地，从而改变了日本的版图。

日本宪法颁布的当日，即 1889 年（明治二十二年）2月 11 日，陆羯南主笔的报纸《日本》创刊。报纸头版右侧，刊名"日本"的背景图上，是象征当时"日本"的北海道、本州、四国、九州四个岛屿及其附属岛屿。而在甲午战争以后，图上添加了台湾。背景图设计一新，在这张日本地图右下角的区域里，标示出了台湾岛的形状。

这个新设计于 20 世纪的第一年，1901 年（明治三十四年）11 月 3 日，即当时的天长节（明治天皇诞生日）刊发。头版题名为《帝王之事》，登载了试图把明治天皇置于世界帝王之高位的社论。文中写道："先称御门，后称皇帝，现称天皇者，再无他人。且把天皇陛下奉为帝王之最杰出者，也绝非臣民偏私之见。"这一添加了台湾岛、展现了一个可与欧洲殖民帝

报纸《日本》的头版，明治三十四年十一月二日（东京大学法学部附属明治新闻杂志文库藏）

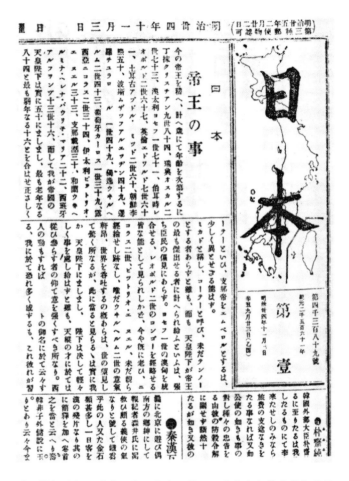

同一报纸头版，明治三十四年十一月三日（东京大学法学部附属明治新闻杂志文库藏）

国并驾齐驱的殖民帝国——日本的设计，正适合作为刊登对
明治天皇"帝王之最杰出者"的评价的背景图。

三国干涉与德富苏峰

　　日本作为新的殖民帝国登场之际，在东亚的权力政治中具
有支配性影响力的是欧洲先进的殖民帝国。在这些帝国的压力
之下，日本的行动受到了制约。其中最直接的体现就是基于德
俄法三国对日本的共同劝告，不得不归还中国已经割让出的辽
东半岛的事件，即所谓的"三国干涉"。

　　日本迫于三国干涉而决定归还辽东半岛时，主持民友社
以及国民新闻社的新闻工作者德富苏峰（1863~1957），与
当时在他手下负责国际关系的记者，后来成为日本银行总裁
的深井英五一起，正跟随参谋次长川上操六、海军军令部长
桦山资纪在辽东半岛旅行视察，当时正在其要冲旅顺。悲愤
难抑的德富苏峰，用手帕包起旅顺口海岸的一把碎石和沙子
带了回去。归途中，他望着夕阳映照下的旅顺群山，回头对
深井英五说："深井君，仔细想来的话，不管是俄皇（俄国沙
皇尼古拉二世），还是德皇（德国皇帝威廉二世），都是改变
我们信仰的恩人呐！"（深井英五：《回顾七十年》，岩波书

店，1941。早川喜代次：《德富苏峰》，德富苏峰传记编纂
会，1968。）在1886年（明治十九年）成为畅销书的《将
来之日本》中，德富苏峰曾经从经济角度出发倡导国际和
平主义，但在遭遇了"三国干涉"之后突然"改变信仰"，转
向了立足于军事角度的"帝国主义"。

导致帝国膨胀的动机

　　导致德富苏峰"改变信仰"的"三国干涉"，其冲击范围
通过媒体扩及广大国民。后来成为女性解放运动家的平塚雷鸟
（1886~1971）当时还是小学生，她回想当时的情景时说：

　　　　令人难忘的是，在教室里的某节课上，我们特地被告
　　知了归还辽东半岛一事。作为战胜国的日本理应从中国分
　　得的辽东半岛，由于俄德法三国的干涉，不得不含泪归
　　还。老师也就这一过程对孩子作了通俗易懂的详细说明，
　　并在黑板上写下"卧薪尝胆"四个大字，向孩子们进行强
　　调。教室里挂的远东地图上，整个辽东半岛都被涂成了红
　　色，那幅地图一直挂了很久。老师在黑板上写下的"卧薪
　　尝胆"四个字虽然很快被擦掉了，但它现在仍然清晰地留

在我的眼里。[1]

归还辽东半岛给日本政府和国民带来的深切的挫败感，成为把日清战争之后出现的殖民帝国的实体（即所谓“自在的”殖民帝国）转变为觉醒的殖民帝国（即所谓“自为的”殖民帝国）的内在动机。因此，日本开始有志于加入欧洲列强的行列，成为权力政治的主体。可以说甲午战争带来这种国际政治上的变化，为日俄战争后殖民帝国日本的膨胀标明了方向。

---

1 平塚雷鸟:《平塚雷鸟自传：女性原本是太阳》，大月书店，1973。

2 日本为什么会成为殖民帝国

作为"非正式帝国"的英帝国

幕末以来，日本被强加了不平等条约，如前所述，基于这些通商条约，日本承认了贸易对手国的领事裁判权，并被剥夺了关税自主权。这是欧美诸国以政治经济的优势地位为前提强制日本进行自由贸易的结果。最大的殖民帝国英国率先想出了这个办法，并应用到了中国、日本等国家。后世英国的经济史学家把这种方法称为"自由贸易帝国主义"[1]。这是一种不占有殖民地而构建殖民帝国的方法，以扩大不需要付出占有及经营殖民地成本的"非正式帝国"为目的。如前章所述，不平等条约下的日本资本主义之所以采取了把对外债的依赖度降到最小的"自立的资本主义"形态，就是为对抗以英国为首的欧洲诸国的"自由贸易帝国主义"而采取的一种源于经济民族主义的对抗战略。

当日本摆脱了不平等条约，其资本主义形态在从"自立的资本主义"向"国际资本主义"转化的过程中，逐渐采取了以

1　John Gallagher and Ronald Robinson，"*The Imperialism of Free Trade*"，*The Economic History Review*, Vol. VI, No. 1, 1953.

构筑拥有殖民地的殖民帝国为目的的战略。那么，日本为什么没有效仿欧洲各国通过"自由贸易帝国主义"扩大"非正式帝国"，而是走上了需要更多成本、对军事力量的依赖度较高的"正式帝国"的道路呢？

为什么没有成为"非正式帝国"

有两个原因。一个原因是，当时的日本不是能与先进的殖民帝国比肩的、实质意义上的国际社会成员。所谓"非正式帝国"，其实是通过最惠国条款（Most Favored Nation Clause）——一国对贸易对手国所具有的通商上的权利也同时被他国所享有的条款——共享不平等条约带来的经济利益，由欧美诸国构成的"非正式帝国集团"。日本还处于这个集团外。

当时的日本与欧美各国之间还未被允许交换大使，与这些国家之间的驻外公馆还不是大使馆（Embassy），仍然停留在公使馆（Legation）的级别。以欧洲为中心的国际社会是一个等级社会。按照国际惯例，互派大使只在所谓的一等国（The First Class Powers）之间被认可。日本与欧美之间互派大使是在日俄战争以后。日俄战争胜利后，日本才开始在国际社会中被视为一等国，成为实质意义上的国际社会成员。顺便提一

下，中国与欧美诸国以及日本之间互派大使是在 1934 年。把
不平等条约当成一种国际法式的武器来使用的"自由贸易帝国
主义"，是作为国际社会实质成员的一等国才能施行的殖民帝
国的扩张战略。

较之通过"自由贸易帝国主义"扩大"非正式帝国"，日
本优先选择占领现实的殖民地的另一个原因在于，日本的殖民
帝国构想较之对经济利益的关心，更多的是以对军事安全保障
的关心为出发点。这与对日本本国国境线的安全问题的关心是
分不开的。欧洲的殖民地都设在与本国并不接壤的远隔之地，
殖民帝国日本却是在直接连接本国国境线的南方及北方地域进
行空间上的扩张。换言之，日本把民族的发展与帝国主义结合
起来，而这一点造就了日本与欧美诸国不同的殖民帝国特性。

山县有朋的演说

上述日本特有的殖民帝国概念的萌芽，在日本还未曾拥有
殖民地的时代，就已经显露端倪。宪法实施前后的第一次帝国
议会上，内阁总理大臣山县有朋（1838~1922）就 1891 年的
年度预算案在众议院进行了一场演说，其中已经可以看到其萌
芽。内阁总理大臣在通过总选举选出的国民代表所组成的众议

山县有朋

院中，直接说明施政方针的行为本身，当时作为明治政府成立以来带有划时代意义的新案例而受到瞩目。1890年（明治二十三年）12月6日的报纸《日本》，刊登了题名为《施政的方针，总理大臣的演说》的报道。

　　　　鸣呼！此为明治政府成立以来，当局者首次明确公示政略，绝不能当寻常事而看过。专制之忧最大不过政府之方针不向国民明示……如今国民得于代议之机构开陈其意之便，政府得有公示其意内政于民之机。

现在，在国会开会的开头，由内阁总理大臣进行施政方针演说这件事，在形式和内容两方面都已经半仪式化和惯例化了。但在帝国议会开设初期，这一演说曾作为象征议会制历史意义的事实而受到关注。

"主权线"和"利益线"

在这个演说中，山县有朋就该预算案中的陆海军费占了年支出额很大比例的原因进行了说明，那就是为了国家的独立自卫。为此，在防御"主权线"即"国境线"的同时，也强调了确保标出"与主权线的安危密切相关区域"的"利益线"的必要性。一般认为，诸如"势力范围"（Sphere of Influence）、"利益范围"（Sphere of Interest）这样的帝国主义概念作为国际法上的概念而被国际社会承认，是在 1884 年至 1885 年由欧美列强制定瓜分非洲之原则的柏林会议上。强调"利益线"的山县有朋的演讲，基于这一时期确立的最新的帝国主义概念，对日本对外政策的基本路线进行了说明。

不过，山县有朋的演讲中出现的日本"利益线"（"利益范围"）的概念，与欧美列强适用于瓜分非洲的概念有所不同。日本的这一概念适用于被视为与国境线的安全密切相关的地域。总之，日本的"利益范围"较之欧美，带有显著的军事意义。日本把其"利益范围"设定为与国境线邻接的区域，这里的"利益线"更接近于后来的"生命线"概念。山县有朋在演说之前向政府内部提出的山县意见书中，把朝鲜半岛作为"利益线焦点"。山县演说之所以在说明陆海军费的用途时强调要确保"利益线"，其原因就在于此。

1890 年的"利益线"仍然停留在假想中的虚线状态，为它创造了转化为实线机会的，正是日俄战争。通过日俄战争，日本开始对早已被假定为"利益线之焦点"的朝鲜半岛进行殖民行动。在中国东北部，日本以"南满洲"为中心、也不断地以"租借地"的形式对其进行实质上的殖民。

关于包含实质上殖民地化在内的广义殖民是如何进行，又是如何变化的，以下将通过分析应对这一进程的立法过程来对这些问题做一个概观。

3　日本是如何成为殖民帝国的

枢密院

日本进行殖民地统治的基本法律框架是如何形成的呢？作为有别于那些具有直接的宪法依据并由天皇授权的国家机构的"国民代表机构"（美浓部达吉），帝国议会并没有实质性地参与其中。它完全是在政府以及军部的倡议下进行制定以及修改的。但是，除了政府和军部以外，也有国家机构以取代帝国议会职能的形式参与了殖民地立法，对其内容及方向施加了不少影响。那就是与帝国议会一样，由宪法规定的枢密顾问组成的天皇的最高咨询机构——枢密院。

枢密院是在帝国议会开设之前的1888年（明治二十一年）5月，以审议皇室典范案以及宪法案为目的而创设的机构。从那时起，它便在国内政治中具有了较大的发言权，通过对天皇（即现实中的政府）在宪法解释、法令（法律和敕令）制定以及修改上的表决呈报意见，在事实上对政府的政策决定施加巨大影响。在修改政府的重要法令，例如被作为宪法附属法令的众议院议员选举法、贵族院令以及议院法等法令时，在向帝国议会提交修正案之前，必须以天皇的名义对枢密院进行咨询，并得到它的认可。在敕令案中，涉及对贵族院应有状态作出规定的贵族院令时，破例也给了贵族院审议权，但并没有赋予帝国议会枢密院所拥有的审议权。这意味着，明治宪法体制下的日本议会制，具有枢密院和帝国议会的双重构造。说这是由作为最上院的枢密院，以及其下帝国议会的两院（贵族院以及众议院）所构成的三院制也并无不妥。

另外，对于政府所签署的国际条约，是否予以批准，枢密院还具有对其进行审议和表决，并提出最终意见的职能。这是可以与美国的上院媲美的职能。

并且，枢密院还拥有帝国议会所不具备的对敕令案的审议权和承认权。对于大多采取敕令形式的殖民地立法，它自然具有较大的影响力。因此，通过追踪枢密院所参与的重要的殖民地立法过程，就可以追踪殖民帝国的形成过程。以下将分三个时期来分析这一过程。

（1）日俄战争后朝鲜和关东州租借地统治体制的形成

统监府及理事厅官制案

《日俄媾和条约》签订三个多月后的 1905 年（明治三十八年）12 月 20 日，在已经于 11 月 17 日签署的第二次日韩协约（即《日韩保护协约》，又称《乙巳条约》）的基础上，就计划设统监府为日本在韩国[1]统治的中心机构以及设理事厅的官制问题，以天皇之名向枢密院进行了咨询。所谓的官制，是指规定国家机构的组织及其权限等的敕令。当时任枢密院议长的是伊藤博文，那时已经计划让他前往韩国担任第一任统监来管理韩国的外交权。

那次会议一开始，伊藤博文就声明此次被咨询的官制案是在他本人意见的基础上，与内阁、陆海军当局协商后起草的，是加急提案，需要立刻表决。枢密院书记官长都筑馨六也指出，这些官制案在起草阶段已经经过了枢密院当局的实际审查，并强调这确实满足实质上需要立即表决的要案的条件。

总之，枢密院官制（1888 年 4 月 28 日公布）第 8 条规定，

---

1 本书尊重作者原意，涉及韩国、朝鲜国家称谓的，均保留原书表述。——译者注

枢密院的会议"在行政及立法事宜上虽为天皇之最高顾问，但并不干预施政"，然而由于伊藤博文一方面是主持枢密院会议的议长，另一方面也是日俄战争中对韩政策立案的主导者，因此枢密院当局已经在事实上深深地介入了日俄战争后对韩政策基本方针的制定中。

关于统监的权限

关于统监府以及理事厅官制案，在枢密院的审议中有几点值得关注。统监对于韩国外交权的管理权已经作为立法事项被纳入了官制案，但同时在这份官制案中还包含一个没有被明文写入的统监的重大权限，那就是对韩国内政的监督权。这一点在枢密院这一层次已经是日本一方不明言而默认之事了。伊藤博文的统监权竟然触及了韩国内政，对此抱有疑念的韩国皇帝以及大臣提出请求，希望在日韩协约中加入统监不得干预内政的条款。但伊藤博文在枢密院会议席上却宣布绝对不能加入这一条款。

伊藤博文

关于官制案的第三条第一项所规定的"统监……在韩国的施政事务上，监督与外国人相关之事宜"，大鸟圭介（1833~1911）顾问官（原驻朝鲜公使）曾追问："在韩国的施政事务范围中，是否包含内政？"对此，伊藤博文回答道："这已不用说明，这是活用大政略中所包含之个别政略的一种手法。今日难以限制，唯有听任日本政府之政略。"他特别强调了这一条款的"政略"意义。他暗示官制案第三条第一项所说的"施政事务"，可以超出韩国的外交，延伸到包括内政在内的更大范围。

还有一个应该关注的地方，那就是根据官制案第四条，统监有权对驻扎在朝鲜半岛的日本军队——即日属韩国守备军的司令官下达使用兵力的命令。伊藤博文毫无疑问是文官，由于他就任统监是一项既定方针，那么第四条也就意味着承认了文官在事实上对军队的统率权。这是完全没有先例的，也带有公然违反一直被视为对"统率权独立"这一宪法正统的概念所作的解释的意味。

实际上，在这一官制案的操作过程中，围绕军队的统率权，作为韩国统监预定人选的伊藤博文与陆海军当局之间，都以自己的存在理由作赌注，进行了针锋相对的交涉。伊藤博文在枢密院总会议席上，就这一点进行了说明："关于军队，文官的指挥乃至难之事，至今天仍未解决。但因本官（伊藤）职责所在，守备军之司令官须听从命令。"总之，官制案第四条的宗旨，并不适用于一般文官，而是旨在承认被视为天皇代言人、兼任文官和武官的存在——位居第一元老的伊藤博文，在法令统治范围之外的朝鲜半岛拥有临时的特权性的军事统率权。可以说无论是他本人抑或他人，都把这理解为一种近似专利的权力。

陆军的反击

但即便是元老，承认文官对军队的统率权，对军部来说都是威胁到其职责的大问题。因为这孕育着将导致"统率权独立"变得有名无实的危险。于是军部极力防止朝鲜的这一先例延伸到中国东北部的租借地以及铁道附属地之上。这种努力体现在次年，即 1906 年 7 月向枢密院提交的关东都督府官制案中。

日俄战争后，日本获得了俄国手中中国东北部及"南满洲铁路"的租借权。昔日俄国租借权下的地域成为关东州租借地。设关东都督，负责租借地的行政及"南满铁路"附属地的防卫事务。官制案中，希望由陆军大将或者中将出任这一职务。与韩国统监一样，关东都督在文武两面都有管辖之权，但关东都督府官制案明确提出关东都督与韩国统监不同，不得任用文官。

对于这一官制案中的关东都督陆军将官制，枢密顾问官们强烈反对。他们指出，如果明文写入这一点，那就会被视为日本欲对这一区域进行军事统治而受到英美的批判，这对日本是极其不利的。

当时的陆军大臣是出身长州的寺内正毅（1852~1919），他获得了同样出身长州、创立了陆军的元老山县有朋的支持，提出了如下主张：在管辖"南满洲"的治安，以及处理与隔着"北满洲"对峙的俄国的关系上，关东都督都有必要拥有军队统率权，为了在事发时能有效地行使军队统率权，关东都督必须是武官。他完全没有提及文官统监在朝鲜拥有军队统率权这一先例。对寺内正毅来说，伊藤博文这样的文官来把持军队统率权，归根结底只是一种例外。他所表达的应该是例外不可再开的意思。

　　陆军首先如愿以偿地实现了关东都督的陆军将官制，为完全收复一度在朝鲜失去的 "统帅权的独立" 筑起了桥头堡。统监府以及理事厅官制公布五年后的 1910 年，韩国并入日本，最后的韩国统监寺内正毅作为首任朝鲜总督开始了日本对朝鲜的殖民统治。以此为契机，第二次桂内阁在新制定的朝鲜总督府官制中导入了武官总督制，过去连续两任（四年零五个月）被赋予文官统监 [伊藤博文与曾祢荒助（1849~1910），都是长州出身] 的军队统帅权终于回到身为陆海军大将的武官总督手中。

枢密院内部的异议

　　然而，在制定朝鲜总督府官制时，在枢密院内部出现了极大的异议。主持总会议的枢密院议长是陆军重臣山县有朋。在 1909 年伊藤博文被朝鲜独立运动家安重根暗杀之后，山县有朋就成了第一元老。枢密院总会议的第一读会和第二读会有权对议案提出修正意见，但山县议长为了使议案不被修改就没有给他们时间，而是试图强行将审议推进到最终阶段的第三读会，即没有进行充分的审议就宣布 "因无异议而转入第三读会"。

作为回应，萨摩系出身的文官元老松方正义表示了"异议"，提出了"不妨删除（朝鲜总督府官制）第 2 条总督之职不再由元老亲自担任，此后改由陆海军大将担任的字眼。不管怎样，统监向来是伊藤博文和曾祢荒助（1849-1910）这样的文官，现在也没有必要缩小范围限定于武官"的修改意见。这是站在文官立场上对武官的批判，同时也是包括海军在内已经退居陆军身后的萨摩系藩阀代表者，针对通过陆军在实质上垄断了台湾、关东州租借地、朝鲜以及整个殖民体系的长州系藩阀的反驳与批判。

但是，当场支持松方正义修正意见的，只有同是萨摩系出身的原外相西德二郎。根据枢密院议事细则第 10 条，在第二读会提出的修正意见，如果没有其他三名以上成员的赞同，就构不成议案。于是山县议长宣布："六号（松方正义）虽提出了修正意见，但因未达到所定之赞成数，就此作废。"结果，被移交到第三读会的原案经全员一致表决通过。

美浓部达吉的《宪法讲话》

"韩国合并"后，在日本的宪法学者之间，开始有意识地思考应该以怎样的法律概念来理解殖民地的问题。《明治宪法》制定时，日本还未曾拥有海外殖民地，因此《明治宪法》中也没有关于殖民地的条款。甲午战争以后，日本占有了以台湾为首的殖民地，但在宪法定义层面上提出殖民地问题，应该是在海外殖民地体制确立起来，并与国内宪法体制产生明显矛盾的日俄战争以后（特别是"韩国合并"之后）。

最早提出殖民地与宪法的关联，以及它在法律上的定义问题的，是美浓部达吉于 1912 年（明治四十五年）公开出版的《宪法讲话》。这是根据 1911 年夏天文部省召集全国中学教员举行的暑期讲习会上连续十次演讲的内容整理而来的。对美浓部达吉来说，是最早的具有重要意义的宪法教科书。

1911 年暑假，文部省举办中学教员暑期讲习班的意图是什么呢？其实是为了应对那一年 1 月幸德秋水等 12 名被告被执行死刑的大逆事件，以及 2 月通过国定历史教科书的叙述而政治问题化的南北朝正统问题，文部省认为必须强化国民道德的教育。因此，文部省对美浓部达吉的委托是遵循"重国宪、遵国法"的《教育敕语》，作为国民道德教育的一环进行关于宪法概要的演讲。然而，美浓部达吉基于"国家法人说"而作的

美浓部达吉

"宪法演讲"，却违背了文部省的意图，成为后来的"天皇机关说"事件的起点。

《宪法讲话》的初衷，在署名日期为"明治四十五年纪元节"，即第24次宪法颁布纪念日（2月11日）那天的序文中，已经写得很明确："我国施行宪政虽已20余年，但宪政之知识仍未普及一般国民，实属意料之外。甚至专业之学者论及宪法之事，尚借国体一味鼓吹专制思想，压抑国民之权利，要求其绝对服从。在立宪政治设想下行事实上之专制政治的主张，听来已不稀奇。"

美浓部达吉对日本的政治现状发表了这样的感慨，并解释著书的意图在于"明宪法之根本精神，排除在一部分人中间宣扬的变相的专制主义主张，此乃余精诚努力之所在"。

作为"异法区域"的殖民地

以这种立宪主义的价值观为参照,美浓部达吉把殖民地作为与这种价值观背道而驰的最明显的事实来把握。他认为"立宪政治"的解释所适用的范围,仅限于日本内地,而没有使之应用于海外殖民。海外殖民地没有施行"立宪政治",今天仍处于"专制政治"的状态。总之,殖民地作为国家统治区域的一部分,却与内地国法相异,特别是在宪法上有差异。它是一个如果去除与最高统治组织相关的部分,宪法就无法实施的区域。美浓部达吉将之称为"异法区域"或"特殊统治区域"。这就是在 1911 年至 1912 年时宪法学者美浓部达吉的殖民地观。他把殖民地理解为限制了立宪主义妥当范围的非立宪的政治空间,因此殖民地在各方面都是与宪法学者美浓部达吉的规范意识相冲突的。

美浓部达吉关于殖民地的法律概念,并不仅仅是对法的实证主义认识的结果,而应该理解为这是他站在相信立宪主义普遍性的立场上对殖民地进行的根本性批判。这种精神也被"大正民主"时代最有代表性的宪法教科书——《宪政摄要》所继承,这部教科书曾经为 1935 年"天皇机关说"事件的结果而被禁止发行。

作为海外殖民地的朝鲜、台湾、桦太岛以及关东州租借地的人民，没有被赋予向帝国议会派出代表的权利，其宪法上的自由权也没有得到承认。"司法权的独立"也并不完善，行政权和立法权的分立也没有实现。

而且，总括的、一般的立法权在殖民地、租借地很大程度是以委任的形式进行的。这种立法权的委任，只要以宪法为前提就是无法实现的。如果宪法的效力也延伸至朝鲜、台湾地区的话，不经过帝国议会的协赞而由总督直接进行的立法，就明显地违反了宪法。根据在 1896 年（明治二十九年）在帝国议会上制定的第 63 号法律，台湾总督在其管辖区域内可以发布具有法律效力的命令，但对此包括美浓部达吉以及与政府立场接近的穗积八束（1860~1912）在内的宪法学者们都提出了违宪说。这个由第 63 号法律所引起的所谓的"六·三问题"作为宪法上的问题遗留下来。美浓部达吉的观点是，只有殖民地未实施宪法，即殖民地乃是"异法区域"的前提下，这种违宪状态才能用殖民地立法来解释。

（2）大正前半期（1912~1919）以确立主导权为目的的陆军

陆军主导权的动摇

大正前半期，特别是在寺内正毅内阁下所执行的各种殖民地官制，基本都在补充明治年间的相关制度，在殖民地统治中确立陆军主导权。不过，在大正前半期（1912~1919）也并非没有出现与此相反的动向。首先来看这一点。

1913 年（大正二年）至1914 年（大正三年）出现的第一次山本权兵卫（1852~1933）内阁，是以萨摩系出身的海军大将山本权兵卫（1852~1933）首相为首的，由萨摩系以及海军与大正初期第一次宪政拥护运动主力军之一的政友会相互合作的事实上的联合政权。因此，这也是反长州、反陆军意愿比较强烈的政权。

在这一政权下，之前一直由掌握殖民地行政权的内阁总理大臣所管辖的拓殖局，在精简行政机构之后被废除，"韩国合并"以来由长州出身、陆军出身的桂太郎（1847~1913）首相所构筑的陆军主导的一元化殖民统治体制也告崩溃。关东州租借地纳入外务大臣的管辖，朝鲜、台湾、桦太岛则由内务大臣统辖。

在第三次桂内阁因第一次护宪运动而倒台后，第一届山本内阁上台，随之暂时打破了支撑陆军在殖民地统治中占主导权的制度性条件。这是因计划常驻朝鲜半岛而提出的增设陆军两个师团的增设提案，因宪政拥护运动而夭折的结果。也就是说，由大正初期的政变导致的长州阀以及陆军的败北，反映在了其对立政权所实施的殖民地官制的修改上。

桦太统治的变化

陆军在殖民地统治中主导权的动摇，在桦太统治中也有所体现。1913 年 12 月 17 日，在枢密院总会议上，提出桦太厅官制修改案，提议废除身为桦太守备队司令官的陆军将官可以出任作为行政责任人的桦太厅长官这一规定。关于废除的理由，主导这一修改案的原敬内务大臣作了如下说明：

> 明治三十九年（1906 年）（日俄战争结束次年）中……在当时"军事"占领的状态下，由陆军进行了指挥。至明治四十年（1907 年）初，设"桦太厅"官制，移交行政部掌管。今日现行官制的一部分，即为当时所制定。结果规定执行普通行政的长官由文官来出任。然而，却又设置了守备队，并规定少将以上官职者，可以出任司令官。……

第一任长官适用于这一规定，当时的司令官，现任陆军大臣［楠濑幸彦（1858~1927）］被任命为长官。……但这只是特别情况，方针还是应坚持以文官任之的宗旨。[1]

在这之前，桦太守备队司令部已经被废止，过去由陆军军官担任的司令官职也已经撤销。随之而来的是，陆军在桦太的比重也显著下降，已经完全撤出桦太行政。以这样的情况为背景，内务大臣原敬在枢密院总会议上的提案说明得到了认可，1913 年 12 月 23 日桦太厅官制修订案作为《敕令》第 309 号公布。这是政军双方围绕日俄战争后被编入日本领土的桦太（南萨哈林）的统治主导权的政军双方（Civil-Military Rivalry）对立，特别是以原敬为代表、以内务省为据点的政友会势力，与以在元老山县有朋庇护下、历任朝鲜总督以及陆军大臣的寺内正毅为代表的长州阀陆军之间权力争斗的结果。

陆军权主导的确立

尽管在具有强烈反长州阀陆军色彩的第一次山本内阁统治之下，陆军暂退一步，但在大正前半期其确立对殖民地，特别

[1]《枢密院会议议事录》第十七卷，东京大学出版会。

是朝鲜和关东租借地的统治主导权的志向并未改变。这一点在
1916 年至 1918 年，即以首任朝鲜总督、陆军大将寺内正毅为
首相的内阁时期体现明显。1917 年，寺内内阁恢复了一度被第
一次山本内阁废止的拓殖局，重建了内阁总理大臣管理下的一
元殖民地统治体制，同时在关东州租借地加强了由陆军大将、
中将担任关东总督的关东都督府的权限。

寺内正毅一直希望将"南满洲"改组为在关东都督府主导
下，由关东都督府、满铁以及外务省下的各领事官组成的所
谓"三头政治"体制，并确立将"南满洲"统治和朝鲜统治
合为一体的殖民地统治体制。于是，寺内正毅于 1917 年 6
月提出关东都督府官制修改等七个敕令案，试图通过这些议
案实现这一意图。以在枢密院等处的讨论为基础，可以整理
为以下四点。

第一，提议由关东都督及辅佐都督的民政部门负责人民政
长官分别兼任满铁总裁和副总裁。但是关于这一点，在枢密院
总会议之前的审查委员会报告中，委员会提出异议说"身为官
吏的都督以及民政长官兼任会社的干部，恰如大藏大臣兼任银
行总裁，有紊乱官纪、混淆职责之虞"，因此政府将提案作废

了。然后将都督权限限定在对"满铁"进行"指挥监督机构的
地位",通过了修正为"都督总管'南满洲'铁道株式会社的业务"
的枢密院修正案。民政长官兼任副总裁的提案自然被删除了。

第二,确立驻"南满洲"的各领事官通过回应外务大臣的
内训,来满足身为陆军大将、中将的关东都督的要求,并谋求
相应执行方法的机制。也就是说,在这种机制下,原本由外务
大臣指挥的各领事官事实上要听命于关东都督。寺内正毅原本希
望确立一种除外交事务外,都督直接对领事官有一般指挥权的机
制,但由于外务省的强烈反对,只能达成协议,各领事官基于
外务大臣的内训而协助(事实上这种协助带有强制性)都督。

第三,为了使关东都督府与各领事馆有机结合起来,导入
领事馆职员特别任用制,即领事和副领事由外交官及领事馆考
试委员会选拔任用;外务书记官,由文官普通考试委员会选拔
任用。具体细则上,关于领事和副领事的任用资格,原案中规
定"两年以上关东都督府高等行政官在职者",以及"在满洲
居住五年以上,或者有相当的学识经验的事业经营者"。枢密
院将后者的条件修改为"在满洲从事业务五年以上,并具有
相当之学识经验者"。另外,关于外务书记官的任用资格,原

案是"隶属关东都督府，或是"南满洲"铁道株式会社的事务员，且有相当学识者"，枢密院把"隶属关东都督府"改为"在关东都督府担任判任官两年以上者"，把"'南满洲'铁道株式会社的事务员"改为"在'南满洲'铁道株式会社任职三年以上的事务员"。修改的要旨在于对条件进行限定，但对于领事馆职员的特别任命本身，枢密院并没有特别的异议。这项规定为把原本隶属外务省的领事馆纳入陆军指挥之下提供了可能。

第四，导入由军事警察主导的警察制度。这是模仿朝鲜总督府的先例，具体细则是把担任驻"南满洲"宪兵长的陆军将校任命为警察官之首的警务总长；除了普通警察之外，把宪兵将校也归入关东都督府警视厅；把宪兵准士官、下士官纳入关东都督府警部，分别敞开任用之途。因为是照抄朝鲜的先例，枢密院也没有当成问题，认为"没有什么理由阻碍"。

枢密院的抵抗

但是另一方面，由于警务部从民政部独立，民政部本身的权限缩小，政府原案想要变更民政长官的地位、权限，把原本是日常辅佐都督处理行政事务的机构变为只是单纯掌管民政事务的机构。对此，枢密院提出了以下异议："在以武官任都督的现制之下，以民政长官作为辅佐其处理日常行政事务的机构长官，是妥当的安排。从政务总监之于朝鲜总督、民政长官之于台湾总督可见其例。因此……可以认可如现行一般，（民政长官）辅佐都督总理民政部之事务。"

总之，这是文官在枢密院内部针对武官提出的确保自身地位、领域的要求。可以说这是在殖民地统治中主张政军关系势力均衡的必要产物。

在枢密院内部，寺内正毅首相最大的后援者是议长山县有朋。以山县系顾问官们为中心，政府原案的支持者也不在少数，但最终反对者占了多数席，因而寺内正毅想通过关东都督在"南满洲"治理中确立主导权的意图没能得到全面实现。可以说，天皇最高咨询机构枢密院对特定国家机构的优越具有本能性的警惕。由于枢密院的保守抵抗，寺内内阁和陆军的意图没能彻底实现。（以上关于1917年关东都督府官制修改及其背景，参见北冈伸一：《日本陆军和大陆政策》，东京大学出版会，1978。）

另外，在枢密院的"审查报告"中特别提到的是朝鲜铁道对满铁的经营委托案和与之相伴的朝鲜铁道职员满铁兼职案。对于朝鲜铁道对满铁的经营委托案，枢密院因其是"鲜满铁路联络统一的一案"而表示了支持，但对于认可国有的朝鲜铁道职员兼任株式会社的满铁职员的提案，却提出了异议。最后与政府约定，把原案修改为此案限期两年执行。（以上参照《关于鲜满两铁道统一经营案》，北冈，同上。）

（3）大正后半期（1920~1926）朝鲜的"三·一独立运动"及日本的应对

脱军事化与同化

大正后半期，特别是1918年（大正七年）原敬政友会内阁成立以后，对明治时期确立起来的殖民地官制的不少内容都进行了修改。这些修改大多要提交枢密院进行讨论，并需要枢密院对其表明最终态度。这些修改的基本方向之一是殖民地统治的脱军事化，尤其是脱陆军化；另一个是殖民地与本国的"同化"。殖民地立法的这种修改方向，未必是日本自发的意图。这只不过是日本政府面对包括1919年（大正八年）爆发的"三·一独立运动"所代表的朝鲜民族主义运动，以及"南满洲"等殖民地的各种民族主义运动，所采取的一种不可避免的应对方式罢了。

而且这种应对方式，对于维持第一次世界大战后与欧美
诸国的国际协调也是非常必要的。大正后半期一系列修改
殖民地官制的尝试，就是面对第一次世界大战后的国际协调
与民族主义的两大时代要求，如何守护帝国主义遗产这一
问题意识的产物。

关东厅的设置和文官长官

但是，原敬内阁在"三·一独立运动"之前就已经开始着
手"南满洲"统治的改革，并对关东厅官制提出了修改案，将
原本集中于身为陆军大将、中将的关东都督之手的军事、行
政、经济三权进行分离，试图废除陆军延伸到行政和经济领域
的主导权。具体措施是废除关东都督府，使行政部门独立，设
置关东厅对其负责，可由文官出任关东厅最高负责人关东厅长
官，并拥有自由任免权。

这项改革的第一目的就是关东都督的文官化。为了实现这
一目的，原敬开始制定关东厅官制。但是，为了让这一决定看
上去像是陆军内部自发的提案，原敬委任在山县有朋的推荐下

就任陆军大臣的田中义一（1864~1929）提出倡议，通过田中说服了前首相寺内正毅等人。与此同时，把原本以关东都督陆军部的形式设立的军队部门独立出来，通过设置新的关东军司令部，建立由关东厅长官以外的关东军司令官来统率军队的体制。总之，这是通过使关东厅和关东军司令部并驾齐驱，从而将政军分离制度化的一种尝试。

只不过在当时，关于改革制度使关东军独立的理由，却被说成是站在陆军的立场，为了确保将来对"北满洲"——关东州租借地及满铁附属地以外——作战时，军事行动不会受到"南满洲"行政的约束。

关于这一点，负责审查关东厅官制案的枢密院审查委员长金子坚太郎，在审查报告中做了这样的说明："随着时势之推进，关东都督或将有必要向'北满洲'移动。因文官武官兼任带来诸多不便之故……另设关东军司令部专门负责军事行动，而行政则全盘由作为文官的关东厅长官统辖之。"

对于当时的陆军，从现实的可能性而言，当然不能说已经做好了与"北满洲"作战的准备。总之，这恐怕是田中义一陆相等人为了使陆军接受与关东都督府的废除相伴而来的政军分离，而编造的一种理由。但是，为了设置关东军司令部而编造的这一理由，12 年后却在事实上成为促使关东军在"九·一八事变"中扩大军事行动的主要原因，这一点还是应该关注的。

以确保文官的主动权为目标

朝鲜"三·一独立运动"以后，殖民地统治体制改革在基本方向上提出了文化的"同化"，特别是以教育为重点的文化"同化"政策。这一政策下的措施，包括确保殖民地统治中文官的主导权。

在朝鲜都督府官制修改中，原敬特别期望的就是实现总督的文官化。原敬运用狡猾的政治手腕，试图通过启用山县有朋的养子、出任朝鲜总督府最高文官政务总监一职的山县伊三郎来达到目的。不过山县有朋并未采纳其意见，寺内正毅前首相也没有同意。

因此，尽管并不情愿，原敬还是听从田中义一陆相的劝告，作为一项妥协措施，在废除了原有的总督任用资格（现役的陆海军大将），进行使文官任总督成为可能的制度改革的同时，实际上却又恢复了海军预备役大将斋藤实（1858~1936）的现役身份，并任命其为总督。斋藤实曾于明治末期至大正初期在原敬担任内相的内阁［第一次、第二次西园寺公望（1849~1904）内阁以及第一次山本内阁］中担任海相，是海军的元老。

朝鲜总督府官制和台湾总督府官制两个修改案，经过审查委员会 40 多天的审查，于 1919 年（大正八年）8 月 8 日进入枢密院总会议的议程。考虑到"三·一独立运动"，审查委员会在报告中关于两修正案的两大要点——废止朝鲜及台湾两总督的武官制（朝鲜总督是陆海军大将，台湾总督是陆海军大、中将）和废止朝鲜宪兵警察上表示了认可："特别顾及最近的情况，乃矫正时弊所必须之改革。"并在原修改案的基础上做了两点实质性的修改。其中之一就是修正朝鲜总督的地位。现行官制规定朝鲜总督"直接隶属"于天皇，有关政务"经由内阁总理大臣奏请天皇裁定"。对此，修改案规定朝鲜总督不再直属天皇，而是归于内阁总理大臣属下，与台湾总督一样"接受内阁总理大臣之监督而统理诸般政务"。

原案的修改

然而，审查委员长伊东巳代治（1857~1934）却评价此修改案为"非稳妥之制",并提出了以下见解。

> 总督被委以统治过去可以构成一个国家,现在包括
> 一万五千方里和一千数百万人在内的新附属的特殊区域之重
> 任,而其地位却形同内阁总理大臣之僚属,这并不能增加总
> 督于内外之威望。朝鲜和台湾无论是看归属我国版图之历史
> 过程,还是民众之感情,两者都不能从根本上归于一途。因
> 此两总督地位也应设有差别,此乃统治上不可欠缺之要谛。

这一主张除了提出使朝鲜总督的地位优于台湾总督之外,还进一步提出了今后其地位应该从内阁总理大臣之下独立出来直属天皇,即赋予其相当于国务大臣的地位。

伊东巳代治提出了上述见解,并使枢密院一方把修改原案中"(总督)在内阁总理大臣的监督之下统理诸般政务"删除,代之以基本沿袭现行规定的说法,把条文修改为"总督统理诸般政务,可经过内阁总理大臣上奏接受裁定"。他坚持把朝鲜总督置于天皇"直属",而不是内阁总理大臣之下,在"宫中席次"上使朝鲜总督位列国务大臣,使其地位高于台湾总督的意图昭然若揭。

作为维持朝鲜、台湾两都督地位差别的结果，就台湾而言出现文官总督的可能性大大增加。新官制施行后的 1919 年（大正八年）10 月，原出任台湾总督的陆军大将明石元二郎（1864~1919）去世，在需要人事调动之际，原敬开始起用文官，任命了山县系的贵族院议员、寺内内阁的邮电大臣田健治郎。这一人事调动与起用山县有朋养子山县伊三郎的尝试大概是出于同样的设想。原敬的意图在于，一方面在当下具体的人事上把与掌管陆军的山县有朋及寺内正毅之间的摩擦降至最低，另一方面又试图使将来文官总督的任命通常化。

相对于后来在朝鲜一次也未出现过文官总督，台湾总督却连续九任都任命了文官。直到十七年后的"二·二六事件"后，遵照广田弘毅（1878~1948）内阁提出的挺进南方的"国策之基准"，1936 年 9 月由海军大将小林跻造就任总督之前，一直都是文官出任总督。

枢密院对修改案进行的第二处修正，是修正朝鲜、台湾两总督的军队统率权。根据修改原案，在两总督均为武官的情况下，应给予其军队统率权，相应的，其必要条件是武官总督必须是现役。但枢密院一方反对分别设置具有统率权和不具有统率权的两种总督，最终规定总督是武官的情况下也不赋予其军队统率权。通过这一修正，两总督皆为武官的情况下，现役也不再是必要条件，从而取消了两总督的武官现役制。虽然认可了总督须向军队司令部（朝鲜军司令官以及台湾军司令官）提出请求方可使用兵力，但无论总督是武官还是文官，都保留判断是否有使用兵力之必要的权力。

朝鲜中枢院的改革

以上述两官制修改案为出发点，针对朝鲜和台湾的"同化"政策也开始具体地展开。然而"同化"难以直接执行，其间不得不准备了各种迂回路线。

首先，在1921年（大正十年）3月16日的枢密院总会议上开始讨论有关提高中枢院地位及扩大其权限的官制修改案。中枢院是朝鲜总督的咨询机构，尽管百般受限，它仍然是能够公开正式地反映朝鲜一方舆论的唯一的总督府所属机构。除了作为中枢院议长的政务总监之外，副议长以下的全体成员都是由朝鲜人组成。一直以来，除了议长、副议长以外的中枢院成员共分为三个等级：第一是顾问，定员共15名；第二是赞议，定员共 20 名；第三是副赞议，定员共 35 名。现在把顾问的定员削减 10 名，同时废除赞议和副赞议的区分，算上顾问削减的名额，共设 65 名参议，新设的参议都被赋予赞议和副赞议所不具有的表决权。

负责原案审查的枢密院书记官二上兵治在报告中解释说："本案的要点在于为了顺应朝鲜近期的转变，彻底实现中枢院设置的宗旨而必须对其加以修正。"即（枢密院）认为有必要把中枢院作为走向"同化"的迂回手段加以利用。

在 1922 年（大正十一年）12 月 13 日的枢密院总会议上，对增加在事实上任用朝鲜人为中枢院书记官这一主题的官制修改案进行了表决。中枢院拥有自 10 世纪末高丽王朝以来的传统，具有如其名称所显示的作为朝鲜王朝之中枢机构的历史，并远远早于日本枢密院使用过"枢密院"的称号，但是它的作用只是作为对朝鲜旧的习惯、制度作调查的机构，几乎从未超越这一辅助性作用。

通过教育进行的"同化"政策

以增加教科书编修官为目的的朝鲜总督府官制修正案，于

1921 年（大正十年）7 月 13 日被提交给了枢密院总会议。与
此相关，需要出台朝鲜教育政策的政府当局者，在强调把根本
方针置于"同化"的同时，另一方面明确规定：在教科书的编
纂上起用朝鲜人，基于日朝文化差异把不少的内容加以变更后
加入日本教科书；有必要对朝鲜人进行正确的朝鲜语以及朝鲜
文字的教育；在历史教育上，"在教授日本历史时，有关朝鲜
的事项可采取稍加详细传授的方针，关于内地朝鲜的关联事项
可按事实原本教授"。可以认为当时的日本政府当局界定了在
教育上实施"同化"政策应有的尺度。

在 1922 年（大正十一年）1 月 25 日的枢密院总会议上
表决的《朝鲜教育令》（1911 年 8 月制定）修正案和《台湾
教育令》（1919 年 1 月制定）的修正案，奠定了在朝鲜和台
湾两地推动教育"同化"政策的基础高度。两个修正案的主
要目的在于，在朝鲜和台湾的教育中，不把日本人与当地人
区别对待，下达同一敕令进行规定，并在实质上使日本人和
当地人之间实现一定范围的共学，同时通过引入大学教育等
措施提高当地人的教育水准。

首先看一下《朝鲜教育令》，其主要内容是：为当地人提

供大学教育及师范教育的机会；在高等教育、专业教育，以及实业教育中实现与日本人的共学；把分别相当于中学、高等女子学校的高等普通学校及女子高等普通学校的毕业年限延长一年；把相当于小学的普通学校的升学资格从原来的四年毕业改为六年毕业，延长两年。

而需要注意的是，原《朝鲜教育令》所提出的"教育是基于有关教育之敕语的宗旨，以忠良之国民的育成为本，能够顺应时势并适应民众生活文化水平的规定"的条文被删除了。关于这一点，审查委员长浜尾新（原东京帝国大学总长，1849~1925）解释政府当局的意图说："如此之条款存置于本令，往往招致朝鲜人的反感，反而有对统治不利之虞，故莫若删除之。"虽说是"同化"政策，但通过《教育敕语》进行的"同化"反而成为政策本身的障碍，因此当时的高桥是清政友会内阁 [文相中桥德五郎（1863~1934）] 就把它排除了。

接下来看一下台湾教育修改令。对比就会发现它作为一份以"同化"为目的的制度修正案，与朝鲜教育令之间存在大范围的共同点，同时也有若干异质之处。首先，其共同点包括给予当地人接受大学教育的机会、在以大学教育为首的师范教育、专业教育以及实业教育上，认可日本人与当地人的共学，以及排除通过《教育敕语》进行的"同化"等方面。

其不同之处有以下几点。第一，关于小学水平的初等普通学校，除"有特别情况"之外，无论在朝鲜还是台湾都以当地人不能与日本人共学为基本原则，但是中学、高等女子学校水平的高等普通学校和女子高等普通学校，在朝鲜不准许共学，在台湾则准许共学。另外，在台湾把原本的高等普通学校、女子高等普通学校分别根据中学校令和高等女学校令改名为中学校和高等女学校。因此，两者都延长了学习年限，并准许设立私立学校。可以说，在台湾至少是在制度层面上，在高等普通教育中的"同化"要比朝鲜进行得更为深入。

关于政府当局（高桥政友会内阁）在朝鲜和台湾之间设置制度差别的理由，浜尾新审查委员长举出了日本和朝鲜巨大的文化差异，以及由此而来的"双方都存在不希望进行一般共学的倾向"等原因。同时也指出："双方共学的场合，以朝鲜人教员来教育内地人学生，在国民思想之养成上恐有不少遗憾之处。"这应该视为，日本政府当局也对日朝共学时朝鲜民族主义可能对日本学生产生的思想影响感到不安。

另外，日本政府当局认可了在台湾可以根据高等学校令设置高等学校（台北高等学校），而对朝鲜的态度则相反。我认为这一措施与不同意朝鲜高等普通教育实施日朝共学是出于同样的理由。

帝国大学的设置

继《朝鲜教育修改令》之后，在1924年（大正十三年）4月30日的枢密院总会议上，提出了设置京城帝国大学的敕令案。其内容包括于1926年（大正十五年）成立由法文学部和医学部组成的京城帝国大学，并加入了于1924年开设两年制预科的计划。"三·一独立运动"爆发后，"同化"政策最初的文化支柱，就是设置京城帝国大学。1928年（昭和三年）3月又公布了在台湾设立台北帝国大学的敕令。

京城帝国大学的蓝图所面对的质疑，主要围绕是否设置法学文学部的问题。顾问官石黑忠德（1845~1941）（原陆军军医总监，政治学家小野塚喜平次的岳父）就此问题，对政府当局提出了以下质疑：

在新附之地设置大学行高等教育，当局者应尽量重视物质之科学，而不应大力引入诸如法律、政治、哲学等学科。然而，在此朝鲜大学虽设置医学部，却未设置工学、理学等物质科学的学部，反而设置法学、文学学部，这是出于何等考虑而做出的举措？

对此，朝鲜总督府学务局长长野干（1877~1963）指出，原因在于朝鲜青年中想学法学者尤其多，并做了以下回答：

> 在此次的大学设立中，若不设置法学学部，必定会使朝鲜学生甚为失望，他们会攻击当局者说"……如果教授法学，恐生挑剔议论者，况不得不考虑任用其毕业生为官吏的问题，因此不开设法学学部"。……与其迫于情势而开设，还不如从一开始……使朝鲜人自由研究法学从朝鲜统治之大局来看，也是极其必要的……因此才制定了修习法学学科的计划。

由此可见，当时的朝鲜总督府当局也已经认识到，"学问自由"从政治战略目的上看同样是安定殖民地统治的重要因素。

身为法理学者的顾问官穗积陈重（1856~1926）也强调在朝鲜进行法学政治学教育的必要性，说：

> 明治十四年，余出任东京大学法学部长之际，有人提出"因民权自由之论甚嚣尘上，不可鼓励法学之学问，应以理工科学问为本向实业方向引导"，此实乃古旧之思想。政治、法律之学问也宜循循善诱。

在这里顺便提一下，1879 年（明治十二年）由井上毅起草、以伊藤博文的名义呈送天皇的《教育议》文件中，表现出对高等教育机构的学生成为"政谈之徒"的警惕，主张必须使之向"科学"方面发展，并提议"科学与政谈实为相互消长之物，应严格法科、政学的考试之法，限制学员，仅许可优等学生入学"。留在穗积陈重记忆里的，恐怕就是这段《教育议》的文字。他或许是回忆当时自己的体验，以自由民权运动之于东京大学法学部的意义，来理解朝鲜民族主义之于京城帝国大学法文学部的意义吧。

但是，尽管"同化"政策带有最大限度的善意和最高程度的诡辩，也未能平息朝鲜及台湾的民族主义运动。日本想通过

"同化"政策使朝鲜及台湾的民族主义进入休眠状态，不料进入休眠状态的反而是日本一方。而日方的这种休眠也并不是深沉而平静的。朝鲜、台湾甚至"南满洲"的民族主义依然是从内部危及殖民帝国日本的持续的潜在威胁。不可否认，内部潜藏着敌对的民族主义的殖民帝国日本本身，正是导致当时日本政治体制不稳定的根源。

"拓务省"一名的作用

1929 年（昭和四年）6 月，田中义一政友会内阁发布的"拓务省"官制，最显著地体现了"三·一运动"以后"同化"政策的特征。从审议这一官制的枢密院总会议议事录来看，关于管辖殖民地化的官厅名称，有顾问官认为使用在占有台湾后的 1896~1897 年所设置的"拓殖务省"这一名称也不失妥当，当时政府原案中也采用了"拓殖务省"的名称。围绕这一问题，在枢密院总会议上有人提出了疑问，对此田中义一首相就为什么采用"拓务省"而不是"拓殖务省"作了以下陈述：

> 之所以将拓殖省的名称改为拓务，是因为众所周知该官制中设有朝鲜部（主管朝鲜总督府相关事项的部门），如果称拓殖省，会给新附之民留下将朝鲜视为殖民地的印象，

实不稳妥。因顾虑到可能伤害朝鲜人的感情，故将殖民地
之殖字去掉，改为拓务省。

针对这一说明，提问者再次确认说：

> 那样的话，即使是考虑到朝鲜人的感情而改为拓务省，
> 但所谓的拓务也并非只是掌管开拓之事的含义。是否可以
> 理解为虽然字面上不尽如人意，但这是考虑到朝鲜人的
> 感情而做出的决定？

田中首相回答说："正是如此。"

总之，大正后半期以后，在20世纪20年代的"同化"政
策下，日本政府当局者当然不会把殖民地的称呼作为正式的名
称使用，甚至连能使人产生这种联想的事情也尽量避免。这鲜
明地体现了"同化"政策的特征。

例如"拓务省"怎样用英语来标记，也成为与"同化"政策
相关的问题。作为公开的正式译语，日本政府当局不希望采用含
有 Colony 和 Colonial Affairs 等词句的译语，最终采用了"The

Ministry of Overseas Affairs"（海外事务部）这一名称。

    如上所见，日本的殖民地统治体制也受到了第一次世界大战后脱帝国主义时代的影响，"同化"政策就是这种影响的体现。"同化"政策从根本上就是源于如何把帝国主义的遗产在脱帝国主义时代以适当的形式保留下来的问题意识，拓务省官制便是这种问题意识的产物。

    基于同样的问题意识，于 20 世纪 30 年代以后登场的是取代帝国主义、作为国际政治意识形态的"地区主义"。这种意识形态试图抹去脱帝国主义时代的影响，并把"九·一八事变"后以日本为主体的东亚国际政治变动的结果正当化。

    20 世纪 30 年代后的"地区主义"导致了殖民帝国日本新的（也是最后的）意识形态"大东亚共荣圈"的出现。以下将对其发展过程进行追踪考察。

4　作为新国际秩序意识形态的"地区主义"

蜡山政道的"地区主义"

　　国际地区主义概念，在"九·一八事变"后的20世纪30年代前半期在日本登场。政治学家蜡山政道于1933年1月在国际联盟协会发行的《国际知识》杂志上发表的论文《世界的再认识与地区性国际联盟》，大概是最早在日本提出国际地区主义概念，并主张应该使其适用于当时日本所处的国际状况的先驱性论文。蜡山政道预测日本将于不久的将来脱离国际联盟，并倡导以国际地区主义作为此后日本应该遵循的国际秩序原理。在这篇论文中，他主张日本即使在脱离国际联盟之后也不应单纯地回归"国家主义"，而应该将"太平洋地区和平机构"和"国际联盟的远东地区组织"等以"地区主义"为基础的"新国际和平机构"作为据点。这是一种重组国际联盟的地区主义的构想。（另外，蜡山政道在这篇论文中把"Regionalism"称为"地方主义"，把"Regional"称为"地方的"，但在1938年把这篇论文编入著作《世界的变局与日本的世界政策》时，则把"地方主义"改为"地区主义"，把"地方的"改为"地区的"。）

对于接受过第一次世界大战后国际联盟中"国际主义"洗礼的蜡山政道来说，夹在与 1931 年以后抬头的国家主义之间的现实选择项，便是作为"国际主义"之改良的"地区主义"。他把以国际地区主义与作为其原生组织的国内地区主义相比较，指出这好比是一个国家内部的地区制根据现行的地方制度的缺陷，又研究出了另一个国家的地方组织一样，但同时他又断言"正如即使在这种情况下，给国家本身的统一也不会发生任何改变一样，作为世界组织的地区制也不允许违背世界和平机构的原理"。

但是，带着这种意图所导入的"地区主义"，在风云变幻的国际局势中，已经越过了原本具有普遍主义色彩的修正国际秩序的原理，而是追认日本对外扩张所导致的既成事实，并作为使之正当化的意识形态而发挥了作用。从 20 世纪 30 年代至 40 年代前半期，日本的"地区主义"在否定抵抗日本以军事为主要手段对其进行政治经济统治的中国，以及其他国家的民族主义的同时，另一方面又被赋予了在东亚，以及之后包括东南亚在内的"大东亚"与欧美先进的帝国主义国家相对抗的意义。

（1）20 世纪 30 年代，取代"帝国主义"的"地区主义"抬头

从国际主义到地区主义

20 世纪 20 年代作为日本基本方针，具有普遍主义色彩的国际主义，是由欧美先进国家所主导的全球主义。当时形成全球主义的国际标准，在政治上是《军控条约》，在经济上是金（汇兑）本位制。前者是政治国际主义的基轴，后者是经济国际主义的基轴。1930 年 1 月，随着金解禁政策的实施，日本恢复了在第一次世界大战中脱离的金本位制。紧接着，作为 1922 年《华盛顿海军条约》的补充，签订了《伦敦海军条约》。那是 20 世纪 20 年代曾为日本指明方向的全球主义的最终目标。

然而，短短一年后，日本和世界形势大变。1931 年，对日本和世界来说，第一次世界大战的"战后期"宣告结束。从 1931 年开始，伴随着由日本军部所引起的国际环境的变动，在日本原本静止于支流乃至潜流中的"地区主义"，以外国的事例作为样本，顷刻间转为时代的主流。在导致日本脱离国际联盟的"九·一八事变"以后，"地区主义"便作为一个将东亚国际关系上的既成事实正当化的新概念被普遍使用。

导入"地区主义"的根本动机有三点。第一,"地区主义"意味着否定以国际联盟为代表的组织化的全球主义。"地区主义"是建立在认为由于日本脱离国际联盟,全球主义在东亚已失去了现实基础这一观点之上的。第二,"地区主义"作为"民族主义"的对立概念被提出,并被视为超越"民族主义"的新的国际秩序原理。用普遍主义的国际法所无法解释的、与日本具有特殊关系的"满洲国"的出现,明显与以确立统一的主权国家为目标的中国民族主义相冲突。为了与中国民族主义对抗、使日满间的特殊关系正当化,需要的不是"民族主义",而是必须建立与之对立的"地区主义"。第三,在脱离国际联盟后深恐被国际社会孤立的日本,当时需要某种代替国际联盟的国际机构,在取代全球化国际组织的地区性国际组织中寻找日本赖以生存的堡垒。

作为模式范本的泛欧洲主义

理查德·康登霍维 - 凯勒奇(Richard Coudenhove-Kalergi)的"泛欧洲主义"是"地区主义"的权威样本之一。有人甚至把它用于亚洲,主张"泛亚洲主义"。康登霍维 - 凯勒奇本人在当时也肯定了"泛欧洲主义"适用于亚洲的可能性。他在 1931 年 11 月泛欧洲运动的机构杂志 *Pan Europa* 上

发表的论文《日本的门罗主义》（翻译、刊登于 1931 年 1 月的
《国际知识》）中阐述，日本的"东亚门罗主义"是继美国与大
英帝国先例之后的"第三门罗主义"，完全可以与泛欧洲主义
并立。这篇论文还主张：正如国际联盟承认美国及英国的"门
罗主义"一样，也应该承认亚洲和欧洲的"门罗主义"，并实
现国际联盟的地区性重组。

"东亚新秩序"

中日战争爆发后，1938 年 11 月，日本提出了作为战争目
的的"东亚新秩序"，"地区主义"则成为了奠定"东亚新秩
序"基础的原理。第一次近卫文麿（1891~1945）内阁的外相
有田八郎（1884~1965）曾对驻日英国大使说过在中国形势变
化下的"东亚经济联盟"论，在他的观念中，也是泛欧洲主义
模式，他以此为依据，把作为"东亚新秩序"经济部分的"东
亚经济联盟"正当化了。另外，也有人提出"东亚新秩序"的
指导原则应当是"东亚协同体主义"，即从以美国为中心的美
洲大陆的国际秩序中寻求"东亚新秩序"的模板。

在中日战争以前，"地区主义"作为以国际联盟为中心的
旧国际法秩序的修正和补充被倡导，但在中日战争爆发以后，

它并未仅被作为例外的，局部的秩序原理，而是被视为世界性的一般秩序原理。如果想对地球上的自然和文化进行有机的整合，那么或许该把它划分为几个均衡的区域，在这种预测之下，产生了通过"地区主义"建立"以地区合作体为主体的世界新秩序"的构想。在欧洲以德国和意大利两国为中心建立"欧洲新秩序"，在东亚以日本为中心建立"东亚新秩序"，都可以定位为构成基于"地区主义"的"世界新秩序"的其中一环。当时的"地区主义"论者，从"西欧秩序的基本要素之———拥有主权独立的民族国家的消解"中，发现了"欧洲新秩序"的"革命"意义，并且认为同样的过程也正通过中日战争在东亚进行着。

地区主义的对抗者

对于当时的"地区主义"者来说，实现他们所期待的"东亚新秩序"的主要障碍有两个。一个是中国的民族主义，另外一个是利用中国民族主义并与之合作的欧美帝国主义。

"地区主义"论者认为，以确立国民国家为目标的民族主义已经失去了过去在欧洲世界发挥的、作为普遍的国际秩序原理的历史作用。他们认为，在欧洲之外的世界，日本之所以成功实现了国民国家的建设，得益于日本特有的诸多条件，并强调了其例外性。因此，"地区主义"论者也持民族主义已经无法解救亚洲的观点，他们认为中国为了民族的生存，必须超越民族、认可以日本为中心的地区合作。他们从中寻求必须对中国开战的重要理由。总之，根据他们的观点，中日间战争的终极目的之一就是超越和压制民族主义。

另外，对"地区主义"者来说，与"地区主义"对立的秩序原理，除了民族主义之外，还有帝国主义。一般把"帝国主义"作为欧美帝国主义来理解，这也是最终把对美、英的战争正当化的"地区主义"的逻辑。

"地区主义"论者中也有人看透了日本大陆政策的"帝国主义"倾向，称日本有必要准备一种有别于欧美帝国主义的大陆政策——即构建"将民族置身于协同关系中的地区命运共同体"的政策。但是，当时"地区主义"反帝国主义的一面，都是一面倒地以欧美帝国主义为靶子，而对于本国政策的批判声音却极其微弱。结果其反民族主义的一面却在事实上形成了其帝国主义的一面。

20 世纪 40 年代的"大东亚"

这种"地区主义"意识形态也影响到了日本的国际法学。
1940 年的"大东亚新秩序"(甚至"大东亚共荣圈")一经提
出,日本的国际法学界便做出响应,开始构筑《大东亚国际
法》。当时作为模范备受重视的,一是当时的纳粹德国的
公法学者们,特别是由卡尔·施米特(Carl Schmitt)提
倡的欧洲广域国际法的理论。另一个是表现为"门罗主义"
的、以美国为中心的美洲大陆的国际法秩序理论。这两个事
例作为"地区主义"国际法原理的指引者,被视为"大东亚
国际法"的先行范例。

如上所见,从 20 世纪 30 年代到 40 年代,成为日本支配
性意识形态的"地区主义",是日本以军事力量主导的含有政
治和经济意义上的"地区主义",几乎不带有文化上的意义。
"地区主义"排斥民族主义的主要目标也是军事、政治、经济
上的民族主义,而对于文化上的民族主义,"地区主义"几乎
毫不关心,也无能为力。可以说这个时期日本主导的"地区主
义"缺乏文化基础。

（2）太平洋战争后美国的"地区主义"构想及其后续

作为冷战战略的"亚洲地区主义"

日本的战败，为以日本本国为中心的"地区主义"，特别是 20 世纪 30 年代前半期以后的"地区主义"画上了休止符。战败后的日本，已经不再有自己特色的"地区主义"。

然而，这并不意味着战败后的日本与任何地区主义都无关了，正如关于冷战时期美国对日政策的不同角度的研究所显示的那样，在日本战败后的亚洲，一方面从战前日本的"地区主义"下解放出来的各种民族主义开始自行发展，另一方面取代英国和日本在亚洲的非社会主义阵营中获得支配性影响力的美国，为了应对冷战，构想了它独自的"地区主义"国际秩序，并把日本也纳入其中。那就是拥立日本为亚洲经济的地区中心轴，建立抑制共产主义、特别是中国共产主义发展的、独特的亚洲国际秩序。

具体说来，其重点是为了重建和增强日本的工业力量，把作为原料供给地和市场的其他亚洲地区（特别是中国台湾和韩国）与日本绑定，在亚洲的非社会主义国家中建立一种"垂直的国际分工"体系。美国想通过这一体系，在避免财政负担过重的条件下建立对抗共产主义的、牢固的地区体制。1948 年，美国对日占领政策开始转变，支持和推进这一转变的正是美国的亚洲地区主义构想。

作为美国冷战战略的一环而试图施加于战后亚洲的 "地区主义"，在 "反共" 意识形态和以日本为中心的 "垂直国际分工" 构想上，使人联想到过去日本推行的 "地区主义" ——"大东亚新秩序""大东亚共荣圈"。它当然与亚洲诸国的民族主义，特别是与通过独立的工业化来实现非殖民化的经济民族主义相抵触。韩国李承晚（1875~1965）政权的反日民族主义，就是代表性的例子。

通过上述形式，日本被纳入美国的冷战战略体系，而日本过去在东亚乃至东南亚曾试图建立殖民帝国的历史事实，也被放置到潜意识的海底。这使日本在冷战后又重新开始面对 "脱殖民帝国化" 的课题。

冷战的终结与 "地区主义" 的变化

进入 20 世纪 70 年代以后，一直以来支持美国的亚洲 "地区主义"构想成立的条件发生了急剧的变化。第一是冷战（特别是中美冷战）在亚洲的结束。1971 年中华人民共和国恢复在联合国的一切权利，1972 年尼克松访华，经历一番曲折之后，1979 年实现了中美邦交正常化，不用说，其间越南战争的结束，自然是达成这一关系变化的分水岭。由于这些情况，以前以日本为中心的"亚洲地区主义"，至少作为冷战战略正在逐渐失去其意义。

第二是由于亚洲冷战的结束，被意识形态割裂的地区开始遭遇全球主义的洪流。过去被寄望于能在冷战的政治经济战略中发挥作用的"地区主义"结构，在冷战后反而需要面对全球主义带来的地区同化的众多问题。

经济力量上升后，反抗由霸权国推行的"地区主义"的亚洲各种民族主义，几乎不可能再接受美国制定的以日本为中心的"垂直国际分工"体系。亚洲诸国摆脱了战前及战时的地区性霸权国日本，以及战后的世界性霸权国美国，今后将在平等的前提下"平等地统合"，不断探索新的"地区主义"。对于亚洲而言，这是全新的历史实验。考验这一新阶段的"地区主义"的，正是其文化性的一面。

是否存在"亚洲文化"

在竹山道雄的《缅甸的竖琴》中，有这样的场景：战败后，在缅甸的日本士兵将于次日复员，而决心留在当地的上等兵水岛换上僧侣装束，在收容所的栅栏外暗中目送他们离开。上等兵水岛用竖琴为合唱《甜美的故乡》的士兵们伴奏，最后满怀惜别之情演奏了《师恩难忘》，据说这首歌的原曲是19世纪末美国的《毕业之歌》。据说当时竹山道雄想要选一首包括缅甸在内的全亚洲都耳熟能详的歌曲用在这一场景中，但最终也没有想到合适的。因为实在没有能在缅甸和日本之间产生共鸣的歌曲，作者最后选择了诞生于缅甸的旧宗主国英国和美国、并收录在日本《小学唱歌集》中的两首歌。

这种情况，不仅存在于缅甸和日本之间，自古以来有着密切联系的中国和日本之间也是如此。竹山道雄还说过，当时中日之间也很难找出双方都有亲近感的歌曲。

在亚洲不存在跨越国境的音乐文化，这令人对是否存在与"欧洲文化"意义相同的"亚洲文化"抱有疑问。津田左右吉在他的著作《支那思想与日本》（1938）中，通过对政治思想、道德思想、宗教以及文化等的比较，否定了中日间的文化同一性（进而否定"东洋文化"的概念），反而指出了日本文化与"西洋文化"的共同性。这种观点因否定了当时为国策提供依据的"东亚新秩序"理念，曾引起过强烈的排斥反应，但同时又是一种极富说服力的见解。

尽管各种历史事实都显示了"亚洲文化"的薄弱性，但把"亚洲文化"作为今日之课题来论述也绝非毫无意义。特别是对日本来说，亚洲并不仅是单纯的地理概念。亚洲近邻诸国的舆论与经济动向对今日之日本的巨大影响，大概每一个日本人都有深刻体会。在这种意义上，"亚洲"对日本而言，是一个被生活现实所证实的概念。文化正是产生于这样的生活现实。作为思想史家的津田左右吉所重视的，正是与生活现实相结合的"思想"，以及作为这种"思想"之构成要素的"文化"。

对新"地区主义"的探索

虽然迄今为止亚洲也存在过共通的生活现实，但其存在形式，却主要是以近代之前的中华帝国、近代以后的欧洲诸国、日本这样的殖民帝国、冷战下的美国与中苏这样的强国为主导的垂直型交流。共同传唱的歌曲就是这种"文化"的体现。在今天的亚洲，尤其是中日韩三国的年轻人之间，正在不断出现共同传唱的歌曲，这也许可以理解为“亚洲文化”正在逐渐拥有其实质内容的一种表现。

中日韩三国之间伴随冷战的结束而显现出来的“历史认识”的政治问题化，当然具有民族主义摩擦的一面，但也不能否认它同时具有在事实上通过共同的“历史认识”来探索新的“地区主义”的另一面。日本和韩国都不能把各自的近代史作为一个国家的历史来书写。至少日本的近代，与韩国甚至整个朝鲜的近代都是密不可分的。日本近代最重要的特质之一，就是拥有在亚洲属于例外的殖民帝国时代，但对于这一时代的认知，却离不开对同时代整个朝鲜的现实——今天称之为对朝鲜来说是“殖民地近代”的现实——的认知。在这种意义上具体地明确日韩两国近代不可分割的关系，是两国共同面对同一历史的第一步。在这一问题上，中日之间也是一样的。

第四章

———

对日本近代来说

天皇制是什么

———

———

1　贯穿日本近代的功能主义思考方式

关于欧洲化的课题

　　日本近代的历史演变，是史无前例地由明确的意图和计划来推进并完成的。在近代以前的日本，恐怕很难找出可与之媲美的、如此明显的推动历史形成的目的性意识。但是这也未必意味着它是日本近代历史所独创的，当时在欧洲，已经确立了以国民生产力为基准的价值观，建立起世界资本主义。发端于幕末开国的日本近代，是以接受此二者为前提而形成的。这种价值观，就是历史学家 E. J. 霍布斯鲍姆（E. J. Hobsbawm, 1917~2012）所描绘的 1848 年以后的世界性 "资本时代" 的价值观。他在序章中引用的马克思《资本论》第一版（1876）序文中的命题，即在 19 世纪后半叶的世界中，产业上的先进国将为后进国提供其未来的国家形象之参照的命题，对当时的日本来说是不言自明的。日本作为后进国家，以当时是世界中心的欧洲先进国家，特别是英国为模式范本，开始着手创造本国的近代历史。

　　但是，对当时的日本来说，虽然要完成的目标很明确，实现目标的过程及方法却是不明确且未知的。虽然已有欧洲这一样本，但却没有欧洲化的样本。如果说日本近代具有某种历史独创性的话，那就是它所做的欧洲化实验，至少在东亚地区是史无前例的。

欧洲历史本身是不可复制的一次性历史实体，日本无法对其进行完全再现。日本率先进行了欧洲化的实验，那么，它首先必须要具备使之成为可能的欧洲意象，即能够从欧洲的历史实体性中抽象出来的、可操作的东西。日本欧洲化的先导者们，把作为历史实体的欧洲看作是可引入的各种功能性体系的综合。通过引入其制度、技术、机械及其他商品，把 19 世纪后半叶欧洲的先进国家所具有的各项功能导入日本，通过它们在日本的运作实现日本的欧洲化。

功能主义的思考方式的源流

然而，要想实现这种功能式的欧洲化，就首先要对日本自身的功能体系进行重组。而作为其前提，对于承担推进功能式的欧洲化进程的国民主体而言，就要求其能够确立功能主义的思考方式。福泽谕吉在《文明论之概略》中所说的"物不在贵，贵在其用"，正是强调功能主义思考方式的重要性。

与福泽谕吉并称的明治时期自由资本主义最著名的先导者田口卯吉（1855~1905），是一位百科全书式的人物。他不仅通过写作，更是通过出版、实业、参与政治等丰富多彩的活动，身体力行地展示了何为功能主义的思考方式。田口卯吉较之一身之利害，更注重为自己选择的公共目的献身，他的一生正体现了一个功能合理主义者的轨迹。他虽然是一个个人主义者，但与其说他追求自我的实现，不如说他选择了把自己功能化、作用化的生存方式。

福泽谕吉、田口卯吉所展示的明治时期的功能合理主义，在大正时期被新闻工作者长谷川如是闲（1875~1969）继承。他从江户时代以来自发形成的匠人传统中，找到了推进日本近代化的功能主义思考方式的原型。他从幸田露伴的小说《一口剑》《五重塔》中看到了匠人伦理的人格表现，把自己手中所握的笔与祖辈们一直握着的木工凿子融为了一体。长谷川如是闲也是一位个人主义者，但他同样是在对社会功能的献身中肯定了自我价值的。对他来说，个人自身并不具有有价值的实体性意义，其作用却具有有价值的功能性意义。根据马克思《资本论》的分析，可以称其为能够转化为"交换价值"的"使用价值"。这里可以看出长谷川如是闲在大正后半期至昭和初期会向马克思主义靠近的一个伏笔。

比长谷川如是闲年轻的石桥湛山，在大正、昭和时期曾从事经济类的新闻工作，并在战后出任过首相。对他产生了决定性影响的是日本实用主义的代表思想家田中王堂（1867~1932）。田中王堂高度评价了福泽谕吉功能主义的相对主义哲学，他的名著《福泽谕吉》也深深影响了后世丸山真男（1914~1996）的著名论文《福泽谕吉的哲学》，同样也影响了石桥湛山。以田口卯吉为媒介，也许可以把石桥湛山定位到福泽谕吉的思想体系上。

如上所述，功能主义的思考方式推进了日本的近代化，并且也明显体现在了中日战争爆发以后战时的昭和时期的统制经济论中。这一时期具代表性的经济新闻工作者笠信太郎的著作《日本经济的再编》就是其中一个例子。笠信太郎是昭和研究会的成员，这个研究会从意识形态与政策等方面支持以近卫文麿为中心的"新体制"运动。他的这本著作揭示了以计划经济为主轴的"经济新体制"的结构。他从马克思主义经济学中抽出了用于经济分析的主要工具，并把它运用到1939年（昭和十四年）日本经济为了应对战时需要而进行的"再编"之中。

这是想令脱胎于预设了国家之消亡的马克思主义世界观及哲学的经济学,反向服务于国家。可以说在当时的日本,马克思主义经济学被非意识形态化,被视为是经过大国苏联的经济建设考验的最实用的计划经济理论。日本近代所特有的对待学问的功能主义、实用主义的态度,从中可见一斑。

森鸥外在一系列的"史传"中所描写的江户时代末期学者的研究,是反对明治时期的功能主义、实用主义学问的体现。很明显他在著述"史传"时,对此有清醒的认识。

日本近代是以欧洲的功能体系为蓝本构想出来并实现的。这是日本近代的特征。通过通俗历史小说,影响了高度成长期以后日本人的历史认识的司马辽太郎,把这一特征与历史上的各种组织和人物联系起来。他把新选组理解为以崭新的组织感觉建立起来的先驱性功能集团,把大村益次郎描写为一个将自己彻底功能化了的人物。

永井荷风的质疑

但是,对于作为历史实体的欧洲,不能一直将其作为功能体系来理解。这种理解欧洲的方式,只把握到欧洲形象中偏近

代的一面。指出这一点的，是明治时期罕见的曾深入欧美社
会生活过的永井荷风（1879~1959）。他在 1919 年（明治
四十二年）发表的《新归朝者日记》中，借"新归朝者"之
口这样说道：

> 我所见到的西洋社会，无论何处都是非近代的。所有东
> 西里面都安然存留着那些无论近代如何行事都无法侵犯的部
> 分。即所谓的西洋是多个非常古老且很有历史感的国度。

在欧洲有着无法还原为"近代"的本质性的东西——
永井荷风的这一洞察也令后来的文艺评论家中村光夫
（1911~1988）深有感触。中村光夫在 1942 年（昭和十七年）
10 月号《文学界》上登载的为座谈会"近代的超克"[1] 所撰写的
论文《"近代"的疑惑》中抛出了这一疑问："为什么我们不能
理解欧洲的古老，而只是不断重复追逐其所谓的新事物？为什
么在我们已经常识化的欧洲观里，产生了如此重大的透视图般
的误差？"他认为原因在于日本的近代化，只关注了作为"适

---

[1] 太平洋战争爆发以后的 1942 年，杂志《中央公论》以及《文学界》提出了"近代
的超克"的主题，河上彻太郎、龟井胜一郎、小林秀雄、林房雄等文艺评论家纷纷撰
文参与讨论。这一主题主要围绕模仿西方近代化模式而发展起来的日本，如何克服和
超越西方文化的问题。——译者注

合机械和机械使用的社会" 的欧洲。

太平洋战争初期，随着日本在亚洲取得军事优势，尤其是在东南亚开始争夺欧洲殖民地——正如 "近代的超克" 这一表述所象征的那样，在日本的知识分子之间也开始出现对明治以来作为国家发展导向的 "近代" 概念的质疑和否定。与此同时，也开始出现对确定日本 "近代" 之方向、非历史性功能主义的 "欧洲" 概念自省的征兆。中村光夫当时的主张就是其中一个例子。中村光夫在遭到纳粹德国军事力量威胁的法国，亲身经历过第二次世界大战的爆发和欧洲的沦陷。

丸山真男的 "近代"

在这样的时代状况中，丸山真男公开发表论文追踪了从幕府体制的意识形态内部产生、以徂徕学 [1] 的发展与国学为媒介，在事实上促进了近代形成的契机自然产生的过程，他反对 "近代的超克" 口号，始终坚持 "近代" 的主题，没有改变过。二战后，在收录了这篇论文的著作重新发行之际，丸山真男回顾

---

1 由江户中期的儒学者荻生徂徕（1666~1782）提倡的一种反朱子学的儒学思想，主张摒弃后世儒学者的注释，直接通过先秦文献中的 "古言"，来发现儒家经典中的 "古义"，因此又称为 "古文辞学"。——译者注

当时的状况说:"不可否认,在近代的'超克'、'否定'的高呼声中,不只是我,对法西斯主义历史学怀有强烈抵抗意识的人们都拼命着眼于明治维新的'近代'这一方面,甚至进一步认为近代要素就是在德川时代的社会中成熟起来的,"并解释说,"这是我致力于德川思想史的一个超越学问的动机。"

在丸山真男这里,"近代"概念被以功能主义的思考方式为基础的福泽意识形态所强化,成为批判战争状态下日本现实的理念上的依据。可以说,从 1946 年 5 月发表于《世界》上的论文《超国家主义的逻辑和心理》开始,这种意识一直贯穿了丸山真男战后的整个思想活动。

2　作为基督教的功能等价物的天皇制

统合功能的功能

　　这种经由福泽谕吉而影响了丸山真男、作为日本近代化之推进力的功能主义的思考方式，把构成欧洲文明基础的最难以功能化的宗教，理解为基本的社会功能乃至国家功能，并尝试将基督教在欧洲发挥作用的这种功能也导入日本。为了使日本实现近代化、形成并维持欧洲的功能体系，需要一种能够统合各种功能的事物。明治国家形成时的政治指导者们发现，在欧洲承担这种功能的就是宗教——基督教。关于明治前期的日本人的宗教观，可参照渡边浩的《"宗教" 为何物？》。（收录于《东亚的王权与思想》增补新装版，东京大学出版会，2016。）

　　伊藤博文在 1888 年（明治二十一年）5 月枢密院开始审议宪法案之际，曾指出制定宪法的大前提是确定 "我国的基轴"，点明 "欧洲有宗教可成其基轴，深入浸润人心，使人心归一" 的事实。那么基督教在欧洲所发挥的 "国家基轴" 的功能，在日本将由什么来承担呢？这是伊藤博文作为明治宪法的重要起草者面临的最大问题。

格耐斯特的劝告

伊藤博文之所以持有这种问题意识，很大程度上可能是源于普鲁士公法学家鲁道夫·冯·格耐斯特（1816~1895）的劝告。在他于1882年（明治十五年）至1883年赴欧洲为宪法起草展开调查之际，曾上过格耐斯特的课程并深受其影响。

今天，关于伊藤博文直接听取格耐斯特课程讲义的记录并没有被保留下来，但1885年（明治十八年）伏见宫贞爱亲王的听课记录《格耐斯特氏的谈话》（东京大学法学部研究室书库收藏）被保留了下来。这是作为宪法起草的参考资料而提交给伊藤博文的，记录中对宗教作为国家体制基础的重要性，作了以下强调：

> 要想构建自由的人类社会，必须要有一个结合点。……即要有宗教，教给人们相爱相守之道，把人心团结在一起。……尽量保护宗教内自由人民的适当行为，如不能引导民心、修建寺院、教之以神戒，将其宗旨深入人心，则无法建立真正牢固的国家。……士兵不惜生命，为国捐躯，也只有通过此道来供奉他们。静观欧洲富强之国，无不首先兴寺院、盛宗教。可见其皆为依宗教而立国者。

以这种一般原则为前提,格耐斯特忠告说"日本应以佛教为国教"。他说,不要将日本以之为样板的 1850 年《普鲁士王国宪法》第 12 条关于"信教自由"的规定放入日本宪法,而应该放入容易改废的法律中;另外,对于第 14 条"把基督教作为与礼拜有关的国家制度的基础"条文中的"基督教",在日本应该将之置换为"佛教"。

作为国家基轴的天皇

但是,日本的宪法起草责任者伊藤博文却未能从包括佛教在内现有的日本宗教中找到能发挥基督教在欧洲之功能的宗教。他认为日本的宗教之力很微弱,没有任何一个能够成为"国家的基轴"。于是他断言:"在我国唯独皇室可成为基轴。"由此,"神"的缺席成就了天皇的神格化。

正如福田恒存在其著作《近代的宿命》中所指出的那样,欧洲的近代是以宗教改革为媒介,从欧洲的中世纪继承了"神",而日本近代正如维新前后的"废佛毁释"政策和运动所象征的那样,并没有把"神"继承下来。在这样的历史条件下,如果日本想要缔造欧洲式的近代国家,就不得不另寻欧洲近代国家以之为前提的东西,那就是被神格化的天皇。天皇制被视为欧洲基督教在日本的"功能等价物"（即威廉·詹姆斯所说的 Functional Equivalent）。在这种意义上，日本的近代国家是对欧洲近代国家忠实地、甚至是过于忠实地临摹的产物。在这里可以看到，作为日本近代推动力的功能主义的思考方式，非常典型地贯穿于其中。

君主观的差异

天皇制作为欧洲基督教的"功能等价物"，自然要比欧洲的君主制（特别是与教会分离的立宪君主制）背负着更沉重的负担。这一点体现了欧洲和日本在君主观上的显著差异。

1913 年（大正二年）正在德国留学的民法学者穗积重远（东京帝国大学助教授，后任东宫大夫）在其日记中谈到君主专制德国和日本在君主观上的差异时，谈起自己曾亲身参与、祝贺德国皇帝生日的学生大会，表达了如下内容：

> 最令我们感到诧异的是……大学总长……的祝词中恺撒（Der Kaiser 皇帝）的名字只出现了一两次，接下来照例都是谈"das vaterland"（祖国）。皇帝的生日好像不过是用来鼓舞爱国心的幌子，虽同为帝国，不得不说与我国的国

体之间存有天壤之别。而且，据说因为这里是普鲁士，情况已经算好的了（普鲁士国王就是德国皇帝，因此情况还好），在其他各邦，恺撒就更加没有影响力了。

以前在宿舍，大家谈到我们的新天皇陛下，有人问我：“他（人们把所有皇帝都称之为‘他’）有威望吗？”我回答说：“这不是威望的问题。我们日本人把天皇视为神。”他们听了都流露出惊讶的表情。

如上所述，在大正初期的德国，年轻的日本法律学者穗积重远感受到了日德之间君主观的差异。在此基础上明治日本的宪法起草者们参照基督教在欧洲的功能，在日本选择以天皇制来承担相应的角色，并通过天皇制导入对应的功能。因此，近代日本的天皇制，也就不得不担负起相当于欧洲基督教的宗教功能。

正如西洋中世纪的著名哲学家托马斯·阿奎那（1225~1274）所说的那样，“为了把灵物与地上之物区别开来，王国的职务不能委任给地上的王，而是委任于圣职者，特别是最高祭司、伯多禄的后继者、基督的代理者——罗马教皇。基督教信徒中所

有的王要像对待主耶稣基督一样，服从于他。之所以如此，是
因为相较于管理终极目的之人，管理先行目的之人是居于下
位的，必须服从他的命令"。（柴田平三郎译：《关于君主的统
治——谨献给塞浦路斯王》，岩波书店，2009，89 页。）

　　德国君主专制是以上述中世纪以来的"圣"与"俗"的价
值二元论为前提的，而日本的天皇制却并不明确区分托马斯所
说的"灵物"与"地上之物"，可以说，"圣职者"与"王"一
体化了。

3 德意志皇帝与大日本天皇

吉野作造的观察

日德君主观的差异，首先源于各自国家的君主在地位和性质上的差异，即作为君主的皇帝和天皇之间存在的本质区别。根据德意志帝国宪法，普鲁士国王统合构成德意志帝国的各邦和各自治都市，并被视为在对外关系上代表德意志帝国的元首，但皇帝对各邦之主和各自治都市的市长并不具有绝对的优越性。邦和自治都市对于皇帝的独立性是牢固的，对于这些王和市长，皇帝只不过相对的具有优越性。

吉野作造（1878~1933）在发表于 1916 年（大正五年）1月的《中央公论》上并引起了较大反响的著名论文《说宪政之本义、议其曲终奏雅之途》中，也借当时德国社会民主党的观点强调了这一点。吉野在文中写道：

> 德国是由 25 个独立国家组成的联邦，联合起来的话，正如其名称所显示，是一个帝国。……德国的社会民主党给它作了一种不同的解释……作为德国宪法上的解释，他们主张 "德国是共和国"。……只不过与普通的共和国不同

吉野作造
（吉野作造纪念馆藏）

的地方在于……它是以各独立国家本身为一个单位。因此，虽然德意志皇帝乃是世袭，虽然其名称为恺撒，但在法律上的性质与共和国的总统并没有什么不同。作为普鲁士国王，不用说他当然得到君主的待遇和尊称；但是作为德意志皇帝，他与汉堡、不来梅等自由城市的市长在资格上并无不同。……据说皇帝曾因事驾临汉堡，市长为迎接皇帝设盛宴款待，在欢迎致辞时，称皇帝为"我的同事（Mein Kollege）"，语惊四座。（三谷太一郎编：《日本的名著48·吉野作造》，中央公论社，1984，114-116页。）

吉野将德意志帝国视为"提倡解释上的民主主义的有趣案例"，但认为这与他当时倡导的"民本主义"不同，并阐述说："这与我所认为的构成近代各国宪法——无论是民主国体还是君主国体——共同精神基础的民本主义在名称上极为相似，但在实质上却根本不同，这一点是非常明显的。"关于德国社会民主党对德意志帝国所主张的"解释上的民主主义"，他认为"毫无疑问并不适用于从一开始就很明显是君主国体的我国"。

宪法上的君主的差异

德意志帝国与当时的日本帝国在君主性质上的差异，反映在各自的宪法用来描述君主地位的形容词的差异上。《普鲁士王国宪法》中对作为皇帝的国王，在第 43 条中规定"国王的身份（Die Person des Königs）不容侵犯（unverletzlich）"。这大概是《大日本帝国宪法》第 3 条"天皇神圣不可侵犯"的原型。这第 3 条被认为是把《普鲁士王国宪法》第 43 条所说的"unverletzlich"翻译为"神圣不可侵犯"，并以此来规定天皇的身份。

但是，在《普鲁士王国宪法》中，"unverletzlich"，不仅用于国王（皇帝）的身份，也同样用于"书信隐私权"（第 33 条）、"所有权"（第 9 条），甚至"居住权"（第 6 条）。这些属于国民的权利也与国王（皇帝）一样，被规定为"unverletzlich"。

与此相对,《大日本帝国宪法》中关于保障"书信隐私权"的第 26 条规定:"除法律规定的场合外,不得侵犯日本臣民之书信隐私权。"另外,与"所有权"相关的第 27 条规定:"不得侵犯日本臣民之所有权。因公益而做的必要之处分,当依法进行。"关于"居住所"的第 25 条规定:"除法律规定情况以外,未经其许可不得侵入、搜查日本臣民之居住所。"这些条文很明显是以上记的普鲁士王国宪法对应的各条文为原型,但日本的立法者在把普鲁士王国宪法移植到《大日本帝国宪法》中时,对于"unverletzlich"的译词,把用于天皇的场合和用于臣民权利的场合有意识地进行了区分。在形容天皇身份时,把"unverletzlich"译为"神圣不可侵犯",在陈述国民权利时仅译作"不得侵犯"。

顺便提一下,伊藤博文所著《宪法义解》(国家学会,1889,宫泽俊义校注,岩波书店,1940。)的英译版(Commentaries on the Constitution of the Empire of Japan,伊东巳代治译,英吉利法律学校,1889,第三版,中央大学,1931。)中,第 3 条译为"The Emperor is sacred and inviolable"。第 26 条的"书信隐私权"条、第 27 条的"所有权"条文中,分别译为"the secrecy of the letters of every Japanese subject shall remain inviolate" 和 "The right of property of every Japanese subject shall remain inviolable"。总之,"unverletzlich" 用于天皇时译为 "Sacred and Inviolable",用于 "书信隐私权" 以及 "所有权" 时则译为 "(remain) Inviolable"。

在上述相当于天皇 "神圣不可侵犯" 的 "unverletzlich" 中,含有形而上意味的、绝对的不可侵犯性。伊藤博文的《宪法义解》中关于天皇的 "神圣不可侵犯性",明确指出了 "法律不具有责问君主的权力,不仅不得以不敬亵渎其身体,也不得指责议论之"。换言之,天皇的 "神圣不可侵犯" 不仅意味着不对其追究政治、法律上的责任,而且正如在第一次帝国议会开会之际福泽谕吉也曾指出的那样,凡是触及天皇的 "神圣不可侵犯性" 的内容,皆不含在议会的言论自由范围内,这也成为从内部对议会进行制约的主要因素。在这一点上,与 "书信隐私权" "所有权" "居住权" 等通过法律规定、在法律上具有相对不可侵犯性的权利,是完全不同的概念。

并且,天皇的 "神圣不可侵犯性" 并不单纯是消极的防御性的,而是包含积极的伦理道德含义,或者说半宗教的绝对性。这是宪法起草者伊藤博文所说的"国家之基轴"
(《枢密院会议议事录》第一卷，东京大学出版会，1984，
157 页。) 的终极意义。

能否自由批判诏书敕令

在 1935 年 (昭和十年) 的"天皇机关说"事件中，宪法
学者美浓部达吉的学说被反机构说论者攻击时的争论点之一，
就是天皇的诏书敕令是否能够成为批判对象，即是否有批判
诏书敕令的自由？美浓部达吉认为，为诏书敕令负责任的是
添加署名的内阁总理大臣等国务大臣，天皇不承担法律责任，
批判诏书敕令追究的是辅弼天皇的国务大臣的责任，所以是
自由的。

但是，在大日本帝国宪法下，存在一些不需要国务大臣添
加署名的例外的诏书敕令。在决定宪法实施的第一次帝国议会
召开之前的一个月，即 1890 年 (明治二十三年) 10 月 30 日
发布的《教育敕语》，就是这一类诏书。在"天皇机关说"事
件中对美浓部达吉进行调查的主任检察官抓住这一点，追究了
主张自由批判诏敕的美浓部达吉的责任。

　　为什么《教育敕语》没有内阁总理等国务大臣的署名呢？为了弄清这一点，我想追踪一下《教育敕语》的出台过程，借此来弄清积极而具体地体现了天皇"神圣不可侵犯性"的、作为道德立法者的天皇的本质。

4 《教育敕语》是如何制定出来的

《教育敕语》的定位

《大日本帝国宪法》中的天皇，是作为国家元首统合统治权的国家主权的主体。在统治权的行使方面，宪法规定"依宪法之条规而行"（第4条）。也就是说，天皇在宪法的定义上是"立宪君主"。

但是，宪法并没能明确地实现伊藤博文等人所预设的天皇的超立宪君主性格。第3条天皇的"神圣不可侵犯性"是以天皇的非行动性为前提的。它意味着在法律解释上天皇是神圣的，故而不行动、故而不负有政治及法律上的责任，但并不具有在此之上的积极意义。也就是说，第1条所规定的作为统治主体的天皇与第3条天皇的"神圣不可侵犯性"，在法律的逻辑上是不能同时成立的。因此，积极地体现了天皇"神圣不可侵犯性"的超立宪君主性格的并不是宪法，而是《教育敕语》。从逻辑上来说，《教育敕语》的出现，是伊藤博文没有将天皇定位为单纯的立宪君主，而是将其定位为半宗教化的权威者、"国家之基轴"的必然结果。

以下与《教育敕语》的成立过程相关的历史事实，全部依据教育学家海后宗臣的经典名著《〈教育敕语〉成立史的研究》（发行者，海后宗臣，1965。），据我所知关于这一主题的实证性研究，尚未有出其右者。

《教育敕语》的起点与逻辑

《教育敕语》的起点是天皇命侍讲元田永孚于1879年（明治十二年）8月起草的《教学圣旨》，这是以天皇名义明示了国民教育方针的文书。它之所以成为《教育敕语》的起点，是因为贯穿其中的逻辑也原原本本地成了《教育敕语》的逻辑，而且，它的起草者元田永孚（1818~1891）也是《教育敕语》的起草者之一。

正好从这个时期开始，政府内外展开了对1872年（明治五年）《学制令》以来的启蒙主义教育思想的再讨论，文部省也强化了重视道德教育的倾向。《学制令》发布的同时，在小学低学年（下等小学二年级）设置了"修身"课程，教材主要使用翻译书，上课以教师口头说明教材内容（"修身口授"）的形式进行。当时的"修身"被视为从属于以知识教授为目的的课程。1879年（明治十二年）9月，制定了取代《学制令》的《教

元田永孚

育令》，在《教育令》里，一开始也是把"修身"置于所列教学科目的末尾。然而，翌年的 1880 年 12 月修改了《教育令》，"修身"在各教学科目中跃居第一位。不难想象，在此期间应该发生了以天皇名义所昭示的 1879 年 8 月的《教学圣旨》所体现的那种思想状况的变化。

　　《教学圣旨》在指明国民教育基本方针的原论部分（《教育大旨》）中，明确了教育的第一目的是"仁义忠孝"，"智识才艺"的培养应以之为前提而进行，强调了此种道德主义的教育思想。而这种道德主义教育思想的源泉，则可从天皇祖先的"祖训"和日本古代典籍《国典》中寻得。这正是《教育敕语》的公理和逻辑。可以说这与《教育敕语》所说的逻辑——天皇之祖先立忠孝之德，臣民一心世代相传以成其美，这才是我国国体之精华，教育的渊源也在于此——是完全一样的。

关于教育的争论与政治对立

但是，《教学圣旨》的这种思想并不是直接与《教育敕语》发生联系的。因为 1879 年（明治十二年），在当时的政府内部针对《教学圣旨》，出现了强有力的反对意见，这一点明确体现在同年由内务卿伊藤博文的心腹、内务大书记官井上毅起草，以伊藤博文的名义呈送天皇的文书《教育议》中。《教育议》虽然承认社会上的“风俗之弊”（“制度推行之败”以及“言论之败”），但提出绝不能为了对其进行纠正，就改变维新以来的文明开化政策而恢复“旧时之陋习”，并对元田永孚《教育圣旨》的思想表示了反对。

这一教育争论的背景，是天皇势力与官僚势力的对立和抗争。前者是过去大久保利通在世时拥护大久保，并试图通过他的支持来实现天皇权力的直接行使权（即所谓的天皇亲政）的元田永孚等侍讲们；后者则以在大久保利通之后继任内务卿、并继承了大久保利通的政治作用的伊藤博文为中心。大久保利通生前所统合的宫中和政府，在其去世后发生分裂，两者的权力斗争也明显化了。在士族叛乱导致的内战终结后，亲大久保势力统合成为明治政府的中心势力，这种对立和抗争可说是该势力分裂的结果。只要这种由宫中天皇的心腹与政府官僚之间的政治对立带来的思想对立（即所谓的"宫中"和"府中"两种意识形态的对立）还在继续，那么在天皇的名义下，形成适用于日本全体国民道德的唯一权威意志，是极其困难的。

地方长官的要求

　　然而使之成为可能与必要的，是来自于地方长官（即府县知事）的要求。他们在国家体制的顶点和底边之间起到了媒介作用。1890 年 2 月在第一次山县有朋内阁召开的地方长官会议上，如何统一和把握地方民心成为需要面对的议题，当时，芳川显正（1842~1920）作为辅佐山县有朋所兼任的内务大臣的内务次官出席了会议，同年 10 月《教育敕语》发布时他已经就任文部大臣。据他回忆，"建立某种道德上的根本来统一民心是当务之急，……此为各地方长官的一致意见。"（收录于《话说那时》，东京朝日新闻社，1928。）会议对文部大臣提出了"德育涵养之义的附加建议"。以此为契机，《教育敕语》的发布也提上了日程。

　　关于地方长官深感"德育涵养"势在必行的理由，建议中提到说，"现行学制，只以智育为主，完全致力于艺术智识的教育，而在德育上，则如同完全空缺"。作为结果，学生遵守秩序的意识薄弱，反秩序意识增强。进入小学的学童也"马上以其知识技艺自恃，生轻蔑父兄之心，助长浮躁轻薄之风"。另外，进入中学的学生学业未成其半，却"动辄大谈天下之政事，有时自己触犯校规，则愤愤不平职员之处置，胡乱行抗争纷扰之事"。

这种对初等中等教育现状的认识，催生了"若此情势快速推移，则助长不重实业，妄谈高尚之言，依仗不成熟的学术知识行侥幸之事的风气，凌驾于长者之上，乱社会秩序，最终将危及国家。此乃单方面进行智育，而未同时推进德育之弊"这样一种危机感。地方长官会议提出的问题，引起了内阁会议的关心。特别是当时的首相山县有朋，根据过去作为参谋本部部长于1882年（明治十五年）起草《军人敕谕》时的经验，认为在教育上也应该通过《敕谕》来确定基本方针。另外，当时在立法上支持首相的法制局长官井上毅等人也持同样的看法。因此，在内阁会议上决定为学童学生规定一个"箴言"，并制定和实施令其日夜诵读、铭记在心的措施。于是天皇命文部大臣编纂"箴言"，之后不久文部大臣离任，在山县有朋的推荐下，由他兼任内相时曾在其手下任职的内务次官芳川显正就任文部大臣。这样，以芳川显正就任文相为契机，开始了《教育敕语》的起草工作。

中村正直的草案

文部省最初选拔的起草者是当时帝国大学文科大学的教授中村正直（号敬宇，1832~1891）。他是当时侍讲为天皇讲课时使用的教科书——塞缪尔·斯迈尔斯（Samuel Smiles）所著 *Self-Help*（1859）的日译本《西国立志编》（1871）的译者。此书一经出版即被广泛阅读。另外，如前文第二章所述，中村正直还曾担任女子高等师范学校的校长，作为日本女子高等教育的先驱享有盛誉。

知识分子结社明六社是日本学士院的前身。从与福泽谕吉，西周等同为明六社成员时起，中村正直就是热忱的道德、宗教教育论者。例如，在明六社的同人杂志《明六杂志》（第30号，1875年2月16日）所刊登的文章《人民的性质改造说》中，有以下论述。

若说如何改造人民之性质，大致分为两途。一为艺术，一为宗教，犹如车之两轮，鸟之双翼。……艺术虽引人进入高妙之域，但在物质开化之际，正如古埃及希腊之时代，无法挽救风俗之败坏。必须以教法之盛行补救艺术之感化所不能及之处，方能将人心引上全新之路……

中村正直在他的文章《造就良母之说》(《明六杂志》，第33号，1875年3月16日）中，把"教法"解释为"修身和敬神的教育"，把"艺术"解释为"Art Science 技艺学术的教育"，并断言在教育上"教法"是"主流"，而"艺术"是"末流"。

但是，中村正直起草的草案从文部省转到内阁后，却遭到法制局长官井上毅（1843~1895）的激烈批判而作废。于是，最终由井上毅代替中村正直重新起草草案。重新起草的井上草案得到《教学圣旨》的起草者元田永孚的协助，不断修改后于10月30日成为《敕语》的最终稿。

井上毅的批判（一）

那么，井上毅对于被作废的中村草案的批判要点是哪些呢？由于井上草案是以对中村草案的批判为前提而起草的，并成了《敕语》的最终稿，那么在探讨《敕语》的性质和内容时，就不能忽视这一点。

井上毅

井上毅的批判，体现在从 1890 年 6 月 20 日至 6 月 25 日写给山县有朋首相的书信中。

第一条批判是，他主张排除中村草案赋予道德的宗教和哲学基础。他认为"此《敕语》应当避免使用敬天、尊神的字眼"，理由是"这种话会成为引起宗旨上争端的种子"。中村草案从"天"和"神"的身上追求道德的本源，把产生自人"固有之性"的"敬天敬神"之心的表现归为忠孝和仁爱信义的道德，井上毅的这句话就是对这种观点的批判。井上毅所追求的是完全不同于宗教教育的道德教育，并不是中村正直所说的"修身和敬神的教育"。井上毅担心，如果像中村正直尝试的那样在《敕语》中赋予道德以宗教的基础，会把《敕语》卷入宗教对立中去，因此提出了反对。

另外，基于同样的论据，井上毅也反对中村草案赋予道德的哲学基础。他作了如下陈述："此《敕语》应避免幽远深微的哲学上的讨论，因为哲学上的理论一定会引起反对的思想。道之本源论应该由专业的哲学家去揣摩，而不应由君主的命令来决定。"

顺便提一下，中村正直曾是高居幕府御用儒学家地位的朱子学者，维新后信奉基督教，以朱子学的范畴为媒介接受了基督教。明治、大正年间杰出的历史学家山路爱山（1865~1917），在他的名著《现代日本教会史论》中，把中村正直的思想立场称为"基督教化的儒教主义"。中村草案中使用的"天"和"神"的概念是把基督教的"神"与朱子学的"天"重合，进行了叠加。换言之，基督教的"神"被编入了朱子学的逻辑中，成为"天"的功能等价物，被用来说明道德的本源。前面我们谈到功能在主义的思考方式成为日本近代之特征，由此也可见其一斑。

井上毅所反对的是，中村草案中把朱子学与基督教共同作为道德的宗教、哲学基础。井上毅之所以认为"不应露出汉学的口吻和洋风的习气"，原因之一也是在此。在这里当然要求淡化《敕语》中的宗教性和哲学性意味，换言之就是要它在宗教性和哲学性上保持中立。井上毅继中村正直成为《敕语》的起草者后，最费心的就是这一点。

井上毅的批判（二）

井上毅对中村草案的第二条批判，是主张不要将对政治状况的判断掺杂进来。对此，他说道："此《敕语》应避免政治气息，因为这样会令人怀疑《敕语》乃是出自当下政事家的劝告，而非是出自至尊的本意。"这应该是针对中村草案中一边涉及国际政治的现实，一边提倡为了强化国力而纠正"国民的品行"之处进行的批判。他担心这种对政治状况判断的掺杂，会使《敕语》世俗化，剥夺它的神圣性。因此，出于这种考虑，必然要求这一《敕语》与在国务大臣的辅弼下所发布的敕令、敕语不同，而必须采取能表明这是天皇自身的想法的形式。井上毅在给山县首相的书信（1890 年 6 月 25 日）中写道，这个《敕语》"如果不是出自真诚的叡旨……如果给人以借用了他人智慧的感觉，那就不会有人心悦诚服地把它做为必须身体力行的东西"。

如果必须从形式上表明这一《敕语》出自天皇本意，那么就必须将其直接反映在《敕语》的文体及表述中。出于这一观点，井上毅认为《敕语》中应使用"应该……"这种积极的表达方式，而避免使用"不应……"这种消极的表达方式。他说："不应使用针砭消极之愚、惩戒其恶之语，君主的训诫应如汪洋大海之水，不应流于浅薄迂回。"中村草案中往往在积极的表达方式之后加入消极的表达，从一个命题的内外两方面进行说明。例如："对皇室以忠爱之心各尽其职，应无愧于自己的良心。"在这种积极的表述之后，又补充了"如对君父不忠不孝，不应逃避罪责"这样的消极叙述，因此井上毅对其进行了批判。换言之，君主之言如同珠玉，必须简短。

从井上草案到最终案

以上述对中村草案的批判为前提，井上毅准备好了《教育敕语》的草案。在井上草案中，排除了道德的宗教、哲学基础，从天皇的祖先"皇祖皇宗"中寻找道德的原作者。由此产生了《敕语》的开头："朕惟我皇祖皇宗肇国宏远树德深厚。"道德的本源并非中村草案中的"神"和"天"这种绝对的超越者，而是皇祖皇宗，即现实中的君主的祖先，是相对的。但在非现世存在的意义上，这一道德本源又是超越的，由此就出现了相对的超越者。这是中村草案与井上草案（同时也是《教育敕语》的原型）最大的区别。不能不说这里包含着伊藤博文想要让皇室成为"国家之基轴"的意思。

在井上草案中向"皇祖皇宗"寻求道德之本源的结果，也就把道德归为了"皇祖皇宗"的"遗训"。而现实中的天皇，也就被赋予了与"先王之道"的祖述者孔子一般的位置。日常化的五伦（君臣义、父子亲、夫妇别、长幼序、朋友信）五常（仁义礼智信）的儒教美德，已经被列为"皇祖皇宗"的"遗训"。

《教育敕语》中道德命题的普遍妥当性，即《敕语》所说的"通古今而不谬，施之中外而不悖"意义上的普遍妥当性，作为排除了其宗教与哲学方面的根据的结果，这种妥当性只能从自古以来就是妥当的历史事实，以及现在仍然妥当的事实中寻求。在这种意义上，不得不依据道德命题的实证性基础。于是，《教育敕语》所示之美德也就只有日常化的儒教美德可以胜任了。

就这样，起草了第一草案的井上毅，考虑到在《敕语》的制定过程中作为天皇心腹的侍讲元田永孚具有最大的发言权，在向山县有朋首相提交草案的数日后，也交给元田过目，征求他的意见。在那以后，元田永孚就协助井上毅，以他的第一次草案为原稿，在两人不断的共同修改下，终于改出了最终稿。

在这期间，对敕语元田永孚也有过与井上毅不同的想法，但在修改过程中几乎原封不动地保留了井上草案的实质性内容，仅在井上草案所列举的具体美德内容中做了几处删除。在这种意义上，《教育敕语》可以说是由井上毅背后以山县有朋、伊藤博文等为代表的藩阀官僚势力和元田永孚背后的天皇心腹势力共同完成的作品。

《教育敕语》与立宪主义

从 1890 年（明治二十三年）6 月以后，至 10 月《敕语》发布，始终作为先导者的井上毅，是否考虑过《教育敕语》与《大日本帝国宪法》下的立宪主义的关系呢。换言之，就是受宪法约束为立宪君主的天皇，与《教育敕语》中体现的作为道德立法者的天皇是否能够两立的问题。天皇是政治的统治者，同时也是精神的支配者，这个问题不知道对国教制定论者来说怎么样，但对于参与起草了在第 28 条中规定"信教自由"——虽然也附有保留条件——的《大日本国帝国宪法》的井上毅来说，是难以不证自明的。

实际上井上毅在处理与立宪主义的关系时，对于《教育敕语》的性质规定进行了慎重考虑。他在 1890 年 6 月 20 日写给山县首相的信中指出，"此《敕语》不能与其他普通政事上的《敕语》视为同例"，然后编排出一套说辞，对《敕语》的性质规定提出了建议。"若按今日立宪政体之主义，君主不应干涉臣民之良心自由。（在宗旨上保存国教主义，君主自身兼任教会首脑的英国和俄国的情况特殊，暂且不论。）今发布敕谕指示教育之方向，不可不视其为与政事上的命令不同的、君主在社会上的著作公告。"

　　即作为立宪君主的天皇通过《敕语》指示教育方针，究竟在何种情况下才是被允许的？苦苦思考此事的井上毅，最后把《教育敕语》与政治上的命令相区别，将之视为天皇面向社会公开发表的著作。通过这种逻辑上的操作，他将《教育敕语》与立宪主义的原则强行进行了整合。

发布的形式

　　《教育敕语》的这种性质规定也体现在它的发布形式上。首先，井上毅出于与政治上的命令相区别的考虑，决定发布时不要国务大臣在旁署名。关于这一点，在 1890 年 10 月 23 日井上毅写给元田永孚的信中这样说道：

　　　　关于发布方法之事，如之前所申。以小生之愚见，是否可以不混杂内阁之政事，以由圣主亲自决定且无内阁大臣之副署名的《敕语》、或者说御亲书的体裁广泛下达于公众？……若作为署有副署名的政令发布，会被视为容许国会置喙的内阁责任政略之一，恐日后会随政海之变动而招致纷更，反而削弱千载不灭的圣敕的效果。

就这样，《教育敕语》没有经过国务大臣署名，并且作为不受立宪君主制原则束缚的绝对规范而固定了下来。《敕语》不必由国务大臣负责，它仅代表天皇自身的主张，关于《敕语》的发布方法，当时井上毅考虑了两个选项，一种是由天皇在宫中下达给文部大臣的方法，另一种是天皇在驾临宫外教育会或学习院之际，通过"演讲"传达下去的方式。

这些方法都是以认定《教育敕语》与其他敕语、敕令不同，乃是天皇直接对臣民表明自己主张的作品。当时，井上毅认为天皇在驾临教育会或者学习院时，下达《敕语》比较好，但最终还是选择了在宫中由文部大臣向下传达的方法。这样一来，《教育敕语》既避免了与立宪君主制原则的冲突，又彰显了作为政治国家的明治国家背后所存在的它作为道德共同体的一面。

5　多数者的逻辑和少数者的逻辑

政体与国体的相克

尽管井上毅苦苦想出奇计，但是宪法与《教育敕语》的矛盾，即作为立宪君主的天皇和作为道德立法者的天皇之间存在的立场上的矛盾并没有消失。而与这一矛盾密不可分的"政体""国体"相克，一直是日本近代不安定的主要原因。

处于相互矛盾关系中的两者之中，对一般国民具有巨大影响力的不是宪法，而是《教育敕语》，不是作为立宪君主的天皇，而是作为道德立法者的天皇。"国体"观念不是由宪法，而是由《敕语》（或者说通过它）培养起来的。可以说《教育敕语》是对体现了日本近代一般国民的公共价值体系"公民宗教"（Civil Religion）的概括。

《敕语》发布的翌年，1891 年（明治二十四年）1 月，各地国立学校开始进行《敕语》奉读仪式。其间，第一高等中学校发生了内村鉴三（1861~1930）不敬事件，官报（第 2260号、明治二十四年一月十四日）就此事发出了如下报道：

　　第一高等中学校拜读天皇御署之《敕语》，于本月九日上午八时在伦理讲堂中央奉天皇、皇后两陛下之御像，其前之桌面上奉置天皇御笔亲署之《敕语》，其旁立有表忠君爱国诚心之护国旗，教员及学生一同奉拜，而后校长代理……奉读《敕语》。以上完毕，教员及学生每五人一组依次至御亲署之《敕语》前，诚恳奉拜后退场（文部省）。

　　当天，内村鉴三作为特聘教员参加了《敕语》奉读仪式。他被指责敬礼不够充分的所谓不敬事件应该是发生在最后的 "奉拜" 环节。由此可见《教育敕语》已经渗透到了学校教育中。在小学校悬挂天皇、皇后 "御像" 的做法也是随着《教育敕语》的发布而普及开来的。

　　井上毅在出任第二次伊藤博文内阁的文部大臣时，曾撰写《供在小学校行节日、重大祭祀日举行仪式时唱歌用的歌词及乐谱》，作为文部省第三号告示公布于明治二十六年八月十二日的官报中。其中除了《君之代》《一月一日》《纪元节》《天长节》等之外，还包括胜安芳（海舟）（1823~1899）作词的《敕语奉答》。"啊，尊贵的天皇啊！啊，尊贵的天皇啊！啊，诚惶诚恐啊，承蒙下赐大敕语。此乃吉祥日本之幸啊，此乃国教之基础！"这段歌词被连续不断地吟唱。遭到学校内外指责在《敕语》奉读式上"不敬"的内村鉴三，被免去了第一高等中学校特聘教员的职务。与井上毅一同为起草《敕语》做出贡献的元田永孚于明治二十四年一月二十二日去世，当时他正在各地参加《敕语》奉读式和御像参拜活动，在逝世之前的二十一日，"依勋功"被特封为男爵。

与此相比，在大学教育之前几乎完全不教授宪法。与意识形态教育不同的政治教育，一般都是通过教授宪法（或者通过宪法）来进行，在这种意义上，甚至可以说对那些没有实施接受过大学教育的广大国民从未实施过政治教育。距今约 100 年前的 1916 年，基于当时的大学讲义在《中央公论》上发表，并在知识分子和学生中间引起了巨大反响的吉野作造的《说宪政之本意，论其曲终奏雅之途》一文，可以说在没接受过宪法教育的众多普通国民中产生了广泛的影响。

大日本帝国宪法的自由主义侧面

在大学听过宪法课程的人，很多人都感到影响最深的并不是宪法与《敕语》的同一性，而是其异质性。因为宪法立宪主义、自由主义的一面给人留下了深刻印象。相反的，对于不适合从法律角度做出解释的与天皇相关的宪法条项（第一条至第三条）有时则没有进入课程。因此，有时宪法也具有作为立宪主义、自由主义的意识形态之依据的意义和功能。

例如，丸山真男在大学二年级去听尾崎行雄（1858~1954）受学生团体主办方的邀请举行的演讲会时，对于尾崎行雄 "我们的私有财产，即便是天皇陛下，如果不依据法律也不能碰一个手指，这是《大日本帝国宪法》的主旨" 的阐述，丸山真男说："有种醍醐灌顶的感觉。" 他评价尾崎行雄 "咢堂（号）是一个自由主义者，一个为数不多的自由主义者"。（松泽弘阳、植手通有、平石直昭编:《丸山真男回顾谈》上卷，岩波书店，2016，178 页。）

另外，典型的自由主义、民主主义者，公法学家美浓部达吉对于战败后修改宪法较为消极，其理由源于他确信《大日本帝国宪法》所带有的立宪主义、自由主义特质通过复活他本人确立的宪法学说——即 1935 年在 "天皇机关说" 事件中被政府所禁止的宪法学说——在将来可以得到扩充。

相反，1935 年以后推进昭和时期反体制运动（打着 "明征国体"旗号的"革新"运动）的各种势力，对支持宪法立宪主义、自由主义一面的各种势力进行了攻击，其目的直指事实上的"修改宪法"。在日本近代，《教育敕语》是多数者的逻辑，宪法是少数者的逻辑。昭和时期战前至战中的日本政治由这两种原理或者说功能的矛盾所导致的龟裂，随着国外环境的变动，也愈发不稳定。

国体支柱的丧失

战败的翌年，1946 年 10 月 8 日，文部省下达通知，废除在学校奉读《教育敕语》的做法，废除了诏书的神格化。1948年 6 月 19 日，众参两院确认了包含《教育敕语》在内的几个《敕语》的失效，实现了废除诏书的建议。作为道德立法者的天皇消失了，"国体"概念随即也就失去了支柱。

宪法上的天皇也失去了在旧宪法中的主权者地位。天皇并不是作为过去旧宪法下最杰出的宪法学者美浓部达吉所期待的立宪君主，而是作为"国民主权"下的"日本国的象征"，承担了"国民统合之象征"的新作用。这不仅是"政体"，也是"国体"的根本性变革所带来的结果。

　　象征天皇制未来将如何存在？天皇能否将自己的主张直接传达给作为主权者的国民？如果能，那么应通过怎样的方式？这个问题，其实在距今 120 多年前的 1890 年，在把《教育敕语》以天皇自身主张的形式直接传达给当时的臣民时，对于与《教育敕语》和宪法的起草都关联颇深的法制局长官井上毅来说，也是绞尽脑汁苦苦思索的问题。现在，这既是天皇要直接面对的问题，同时也是作为主权者的全体国民的问题。

终　章

从近代的历程

思考日本的未来

1 几个问题

从四个侧面看日本的近代

在本书的序章中，为了说明在 19 世纪后半叶着手近代化实验的日本，作为其准绳的“近代”概念究竟是什么的问题，分析了同时代英国最具敏锐的时代感觉的政治、经济新闻工作者，同时也对同时代日本最新进的知识分子（如福泽谕吉）颇具影响力的沃尔特·白芝浩的著作《自然学与政治学》。最终把白芝浩视之为欧洲近代最大标识的“基于讨论的统治”作为关键概念，并抽取了“贸易”及“殖民地”两者作为子概念。白芝浩认为，“贸易”带来的自由交流的扩大，以及“殖民地”带来的与异质文化交流的扩大，都促进了“基于讨论的统治”的形成。本书根据白芝浩的论述，把“贸易”、“殖民地”与“基于讨论的统治”都视为欧洲所设定的“近代”概念，并以之为指标，尝试把握日本的近代。

第一章把“基于讨论的统治”之日本形态的成立作为了一个问题。尽管如下一节所指出的，日本近代化路线遇到过各种挫折，但笔者还是把日本“基于讨论的统治”视为日本近代所达成的最大成果。其原因在第一章的叙述中已经尽力表达明确，作为这部分内容的一个概述，也可以参见拙文《何为政党政治，以及它是如何产生的？——关于英美及日本》（收录于三谷太一郎：《战后民主主义如何生存》，东京大学出版会，2016。）。对于政党政治中所体现的"基于讨论的统治"的日本形态，当然也遭受了报纸及其他媒体的激烈批判和非难，这本身就是日本近代批判的一个焦点。尽管如此，这些批判和非难也构成了"基于讨论的统治"的实质，有助于减少日本近代政治的不安定因素。

第二章把推进欧洲近代形成的推动力——"贸易"问题，作为一个广义的主题展开，论述了日本资本主义的形成、展开及其特质。日本的资本主义也与"基于讨论的统治"一样，是日本近代批判的另一个焦点。但它同时也是与"基于讨论的统治"的确立相关的近代日本另一大成果，这也是事实。

但是在其反面，正如接下来一节所指出的，由2011年东日本大地震引发的核泄漏事故，不可否认地给自幕末以来的日本近代化路线带来了致命的挫折。因为核电站集中了现在及将来日本资本主义的全部功能。可以说，核泄漏事故把对于日本近代最大成果之一的日本资本主义之基础的质疑摆上了桌面，也就是说，它引起了对日本近代本身的根源性批判。

第三章举出了白芝浩论述中作为欧洲近代的推动力之一的"殖民地"问题，并提出在日本近代的道路中，日本的殖民帝国化是为何，以及如何进行的问题。殖民帝国是日本近代最大的负遗产，至今仍未得到清算。它不仅给过去作为殖民地的他国的政治、经济、文化，也给日本自身留下了难以愈合的伤痕。日本投入了莫大的资本、时间、能量和国民的热情，为什么会背负上这样的负遗产呢？这是对日本近代本身提出的重大问题。

另外，今天欧洲所面临的难民问题，也是欧洲近代发展所带来的殖民帝国的负遗产。由于日本的殖民帝国是对欧洲殖民帝国的模仿，那么对日本来说，难民问题也不能说是与己无关的吧？或许应该认为，欧洲的难民问题在日本也会出现，以另一种面目，或者——以潜在的方式。

第四章是对近代天皇制的提问。当然，这并不是以白芝浩所提出的欧洲"近代"概念为前提的提问。但这是以明治国家的设计者们在把"近代化"作为"欧洲化"来实现时，认为欧洲的原点存在"神"这一认识为前提的提问。他们为了把日本改造成一个欧洲式的国家，认为天皇必须被赋予与欧洲的"神"相同的使命。当然，现实中的天皇并不能代替"神"。于是明治国家的设计者们不仅把天皇作为立宪君主，而且把他拥立为与"皇祖皇宗"一体化的道德的立法者。

日本的近代一方面具有极高的目的合理性，另一方面也具有在极强的自我目的化的虚构下的非合理性。在过去的战争中，两者也有直接结合的情况。即使在今天，随着政治状况的变化，这种日本近代的历史先例也未必不会重复。带有近似宗教色彩的非合理性伴随仪式与神话一起复活，并与服务于它的技术上的合理性高度契合——这种可能性也仍然存在。

以上从著者的观点，对作为本书考察对象的日本近代各个方面的历史意义进行了评价。以下将概观日本的现状，并结合国际环境对其未来做出展望。

2   日本的近代将去往何处

"富国强兵"与"文明开化"

日本近代是以幕末为起点的，以同时代的法国拿破仑三世为样板的德川庆喜政权可以视为近代化路线的开端。当时福泽谕吉积极地支持了这一路线，他因为懂得荷兰语和英语而被列为开国后的幕府外交部门基层的一员。"文明开化"及"富国强兵"等口号，也是为指明当时这一路线的方向而提出的，并得到了福泽谕吉等人的倡导。福泽谕吉把幕府体制的终极构想表述为"大君的君主政治"（将军独裁）。他在写给一位幕府留学生的信中说："若无大君之君主政治……我国之文明开化无以前进。"福泽谕吉期待废除联邦制（他口中的"大名同盟"）的幕府体制，通过将军独裁推进"文明开化"。福泽谕吉同时也强调把"富国强兵"及为此进行的教育改革作为时代课题，在随幕府使节团停留伦敦时写信回来提议说："方今之急务乃是富国强兵。"

幕末的近代化路线，连同福泽谕吉在幕末时高呼的"文明开化""富国强兵"口号，几乎原封不动地被明治政府继承了下来。明治维新前后出现了政权的更替，但前进的路线却延续了下来。为明治政府推进建设日本近代（国家形成）规定方向的，却是旧政权所设定的路线。除了福泽谕吉这一例外，许多旧幕府官僚（特别是兰学者[1]）之所以投身于明治政府，也是因为他们曾支持的政权，其路线延续下来的缘故。之后的国家战略，也都是在这一路线的基础上扩展制定出来的。

没有"强兵"的"富国"路线

　　最早使日本近代受到挫折的是中日战争及太平洋战争的战败。这一战败打击了日本幕末以来的"富国强兵"路线。战败后的日本，试图让国家回归到中日甲午战争之前的状态，回归到"富国强兵"的殖民地帝国日本出现之前的小国日本，通过这种回归来修正"富国强兵"的路线。也就是通过导入现行宪法第9条，放弃"强兵"，并在此基础上对"文明开化"政策进行各种新的构思，将其维持下来。象征天皇制也在现行宪法的制定过程中以加入第9条为前提而制度化，并与之紧密结合起来。战后日本通过追求以国民主权为前提的无"强兵"的"富国"路线，形成了新的日本近代发展方式。

1　即通过荷兰语翻译、研究西方文化的学者。——译者注

当然，即使在战后，也通过设置防卫省和在日美安保体制下新设和增强自卫队，从事实上实施了"强兵"。但是在战后，却一次也没有把"强兵"与"富国"结合起来作为国家目标。无"强兵"的"富国"路线，可以说是有着广大的国民共识的。这一路线经历了种种曲折，最终作为战后日本新的近代化路线而固定下来。

一国近代化路线之挫折

然而，对无"强兵"的"富国"路线的自明性发出根本性质疑的，是发生于 2011 年 3 月 11 日的东日本大地震和核泄漏事故。这次与 1923 年的关东大地震不同，由于伴随惨烈的核泄漏事故，为战后日本的近代化路线本身带来了难以修复的严重挫折和伤害。

一直以来，能源供给通过电力需求推进着无"强兵"的"富国"路线，这次事故带来的首要问题就是使能源供给面临的危机表面化了。关东大地震时的景况与此正相反，地震后由华尔街的实力投资银行承接，当时的东京电灯（东京电力的前身）与台湾电力发行了美元公司债，这成了利用外资进行电力开发的契机。战后日本当局与电力业界，到核泄漏事故发生前，都在强力推进和实施将能源从煤炭转向石油，并进一步转向核能的政策。这一政策在煤炭和石油的阶段都曾遭遇过危机，但也都突破了各自的危机。然而核能危机与之前的石油危机不同，看不到突破的前景。核能危机不仅是经济问题，也是政治问题，它已经成为国内政治不稳定的主要因素。

今天的能源危机不仅限于日本，也是世界性的。它能引起围绕能源问题的国际对立，激化国土纷争，甚至再现了第二次世界大战前的能源国与非能源国（"持有者"与"未持有者"）之间的对立。在这个最需要国际合作的时代，把"国家利益"和国民感情放在第一位的民族主义主张——有时是轻视"小国"，甚至是蔑视"小国"的"大国主义"——在世界上不断膨胀。面对这种趋势，日本"安全保障环境"的变化被反复强调，有人甚至进一步叫嚷着有必要强化军事力量（强兵）。战后"富国"路线似已无路可走，正在再次唤醒"强兵"。

日本今后的道路

在这种情况下，重要的是各国、各地区民主（自由和平等的价值观）的真正载体，以及了解和平之于民主主义的必要性

的 "积极的人民" (acfive demos)，能够有组织地跨国组建各种国际共同体。在促进国家间 (Inter-State) 协作的同时，也有必要促进市民社会间 (Inter-Social) 的合作。这将为改变 "国际社会" 本身提供可能性。

以 "文明开化"、"富国强兵" 的口号为指引，幕末以来日本的近代化路线，完全是以强化国家对外能力为目的的近代化路线。那是以在亚洲扩大 "主权线" 和 "利益线" 为至上目的，为了成为亚洲优等生而埋头奔走的国际竞争路线。今后需要的是把以解决各种具体的国际问题为目标的国际共同体，作为支撑日本近代化的社会基础，通过它的组织化，在全球层面上重新构筑近代化路线。为此，在亚洲持续坚持对外和平，以及为了建设超越国家的社会而进行的教育，这是不可或缺的。

作为探讨这一课题的前提，我想就如何理解和把握当今日本所处的国际环境，以及在将来日本会如何参与其中作一些思考。

3　如何活用多国间秩序的遗产

多元化与全球化

　　冷战结束，带来了美苏两极霸权结构的解体，以及随之而来的国际政治的多元化（或者说是无秩序状态）。这正是全球化的政治意义。

　　一方面，由于苏联的解体，原来构成苏联的各社会主义共和国分别独立，形成了各个独立国家；在苏联统治下的原社会主义阵营各国也以各种形态作为非社会主义国家而重新出发；由于苏联的解体，旧社会主义阵营的两大中心势力——中国和俄罗斯的力量关系发生逆转，中国的存在感有所增强。这些都是冷战后国际秩序多元化的重要原因。

　　另一方面，不可否认这也是第二次世界大战以来的所谓西方的国际政治秩序，即被称为"美国主导下的和平"的国际政治秩序变化的结果。在苏联解体的当时，美国被认为可以填补其空缺从而行使全球化国际政治秩序的绝对领导权，但后来的现实状况却与这一预想相反。由曾经掌握着冷战时期天下霸权的美苏构成的 G2，经过了由经济发达国家联合成立的 G6、

G7 的过渡性阶段，在冷战后发展为 G8。为了补充其解决问题能力的不足，进而又加入了中国、巴西等新兴国家，发展为 G20。这些阶段，反映了从冷战中的 20 世纪 70 年代就已经开始的，伴随着霸权国家解体的国际政治多元化的发展。如果着眼于过去美苏这样的霸权国家已不存在这一现实，那么现在的状况称之为 G0 阶段也并不过分。

第一次世界大战后的多元化与美国化

第一次世界大战在 2014 年迎来爆发一百周年纪念。相同的现实，同样曾出现在一战后的国际政治中。那时也出现了以英国为主轴的战前霸权构造的解体，以及与之相伴的国际政治的多元化。促使这种状况出现的主要原因，是与第一次世界大战同步开始的全世界规模的经济、文化变化，即美国化。当时的美国化所带来的不仅是经济、文化的变化，其中也孕育着带来政治变化的巨大可能性。这种冲击波及到各国的内政、外交甚至是国际政治领域。

日本的"大正民主主义"等，也可以理解为其中的一个事例。"大正民主主义"并不是只限于日本一个国家的地区性政治现象，而应该被视为当时世界范围内的美国化在日本的萌芽。

在日语里，"大正民主主义"中音译词"民主"的发音并不是以英式英语为代表的一般英语的发音，而是美式英语的发音。

但是，正如当时的美国并没有加入国际联盟，而是止步于其外围所体现的那样，美国在外交上固守了其传统的孤立主义路线。它虽然是促进当时的国际政治多元化发展的最大因素，但就其在国际政治中发挥的统合性作用而言，仍然是消极的。美国化进程不仅在经济、文化层面，在政治层面也显现出来，要待到第二次世界大战爆发之后。而政治上的美国化，就是作为与冷战下的东方对立的西方国际政治秩序而确立起来的"Pax Americana"（美国主导的国际政治秩序）。

可以说，与冷战后的全球化起到了同样的历史作用的，就是第一次世界大战后的美国化。第一次世界大战以后国际政治的多元化，对应着从"Pax Britannica"（英国主导的国际政治秩序）向"Pax Americana"（美国主导的国际政治秩序）过渡，即国际政治中的霸权构造变化的过渡这一现实。"Pax Britannica"后的国际政治的多元化现实，是应对第一次世界大战后新的国际政治秩序而建立起来的。其东亚版本就是华盛顿体系。在思考今后的国际秩序，特别是东亚的国际关系与日本的位置时，回顾一下过去日本切身体验过的华盛顿体系的历史，是很有意义的。

多国间协调的华盛顿体系

1921 年（大正十年）11 月至 1922 年 2 月，在美国首都华盛顿召开了国际会议。以在会议上缔结的各项条约、决议为框架的国际政治体制，称为 "华盛顿体系"。这也是第一次世界大战后美国的政治影响力扩大所带来的结果。

它的第一个特质，就是以实现多国协调为指向，以多国间的条约网为基本框架。其中包括相关各国（美英法日）以维持太平洋海域各个岛屿的军事现状为主要目的的《四国条约》、以中国等相关九国（美英法意日荷比葡中）相互承认有关中国领土的行政保全与门户开放、机会均等原则的《九国公约》，以及包括日美两个太平洋国家在内的主要海军国五国（美英日法意）间的《海军条约》。

在华盛顿体系之前，日本外交的路线是以日英同盟为基础，辅之以日俄协约、日法协约（关于利益范围和合作关系的两国间的相互理解）。总之，是建立在与以英国为首的欧洲列

强间的两国条约及协约所构筑的国际关系之上的。把这种建立
基础变为以多国条约为框架的国际关系的，正是华盛顿体系。

　　在传统上，美国采取孤立主义外交路线，对于与特定国之
间附带政治或军事约定的两国间条约是较为消极的。一直是这
种立场的美国之所以参与华盛顿体系，也是因为它是以多国间
条约为基本框架的。第一次世界大战后，组织国际关系的原则
从以两国间（Bilateral）关系为前提，变为以在政治军事上相
互约束更小的多国间（Multilateral）关系为中心。美国也因此
对国际政治也变得积极起来。

华盛顿会议的会场

军控条约与非战公约

华盛顿体系的第二个特质，就是以军控条约为基本框架。大战以前的国际关系，是由日英同盟这样的两国间军事同盟条约或者是与之相当（日俄协约等具有潜在的军事同盟可能性）的东西组织起来的。但是在华盛顿体系中，国际关系被非军事化——不是通过军事同盟，而是通过军控条约组织起来。

另外，第一次世界大战后国际关系非军事化的象征，还有与军控条约并列的《非战公约》。《非战公约》也与军控条约一样，是作为多国间条约缔结的。不用说，《非战公约》是现行的日本宪法第 9 条，特别是它的第 1 项 "日本国民……永远放弃行使国权的战争，以及以武力恐吓或者行使武力作为解决国际纠纷的手段" 这段文字的历史先例。1946 年 11 月 3 日现行宪法公布时，当时的日本首相吉田茂（1878~1967）也是 1928 年 8 月签订《非战公约》时的首相兼外相田中义一的外务次官（当时外交实务上的负责人）。把第 9 条（不仅第 1 项，也包括第 2 项）导入现行宪法，对于作为首相兼外相在宪法正文上署名的吉田茂来说，应该不会有太强的抵触感。

经济、金融的相互协作关系

华盛顿体系的第三个特质在于它是由当事国间的经济、金融上的相互协作来支撑的。提出这个一般原则的，是华盛顿会议和紧接其后召开的热那亚会议。在那里对将来构筑以金汇兑本位制为主干的国际金融体制做出了决议。在东亚具体操作由此产生的当事国间经济、金融的协作关系的，是 1920 年成立的美日英法四国对华借款团，发起人是美国银行团（其领导者是华尔街最大的投资银行摩根公司）及其背后的美国国务院，关于这一点如第二章所述。

但是，由于作为其投资对象的中国在政治经济上不稳定，以及中国认为这会损害其财政自主性而对国际借款团所持的敌视态度，四国借款团为中国提供借款的本来目的一次也未能实现过。然而，另一方面以四国借款团为媒介，四国间（特别是日美间）在经济、金融上的提携协作却得到了加强，成为支撑华盛顿体系的基础。在这个意义上，四国借款团可以视为华盛顿体系经济、金融的部分。

在 1930 年日本恢复金汇兑本位制（金解禁）的背景里，

日美间这种密切的国际金融协作也作为重要因素发挥了作用。那就是，为了筹备金解禁必需的储备金，英美两国的金融资本开设了对日信用贷款户头。可以说，1922 年热那亚会议所提出的一般原则，以强化华盛顿体系经济金融部分的形式，在东亚得到了具体实施。

　　这样，在第一次世界大战前，由英国的海军力量所维持的远东地区的和平，以及日本通过日英同盟也承担了其中一翼的"Pax Britannica"（英国主导的国际政治秩序），都被第一次世界大战后包括英国在内的主要海军国之间的军控条约和与之不可分割的两个多国间条约（四国条约以及九国公约），以及由当事国间的经济金融的协作关系而形成的华盛顿体系所继承和维持下来。

围绕中国的国际协调是否成立？

　　华盛顿体系中存在固有的不稳定因素。那就是面对中国民族主义的发展，相关各国（九个条约国）间是否达成国际协调的问题。例如日美、日英或者英美之间在应对中国民族主义上是否达成了国际协调。这一问题不断动摇着华盛顿体系本身。

日本优先考虑的不是与中国民族主义之间，而是与中国以外的相关各国（特别是英美）的协调，想以此来抵御中国民族主义的攻势。然而在中国并不持有殖民帝国特权的美国，原本就优先考虑与中国民族主义的协调，在中国享有巨大权益的英国，则只是把与日本间的帝国主义协调当做选项之一，并最终出于维持在华权益的考虑而选择了协调与中国民族主义之间的关系。

日本在中国被孤立了，通过"九·一八事变"走上了强行突破的狭路。如此一来，华盛顿体系的不稳定因素一举转化成了失败因素。至此，第一次世界大战的"战后"期宣告结束，开始了新的"战前"期。

在冷战结束已逾 20 年的今天，稳定的国际政治秩序依然是一个未完的课题。究其原因，作为一个世界性的趋势，超越民族主义的理念尚不存在，而执着于"国家利益"的武断的"现实主义"仍然根深蒂固。在这里需要一种适合霸权构造解体后的国际政治多元化现实的国际政治秩序理念，它必须立足于上一次霸权构造解体后成立的华盛顿体系正负两面的历史经验之上。

现在，有关中国的议题，仍然使世界和日本在摇摆。现在的中国，已经是过去华盛顿体系下的中国所无法相比的强大国家。当然，它也是冷战霸权构造解体后推进国际政治多元化的最有利因素。在今天的日本，总是将国际环境当成"安全保障环境"来讨论，"日美同盟"动辄被作为以中国为假想敌的军事同盟来讨论，其中的一个原因也在于中国的行动。

正如第二章所述，过去围绕19世纪70年代的冲绳，关系紧张的中日两国彼此致力于缓和紧张关系，避免了战争。那时，站在中日两国间为两国和平作出努力的，是原美国总统尤利西斯·格兰特。今天的美国，再次站在围绕冲绳周边问题而发生对立的中日两国之间，为避免危机而做出贡献也是十分可能的。相信这也有益于中日美三国各自的"国家利益"。

在今日的美国和欧洲，简单粗暴的保护主义的冲突，以及专注于一国主义的视野窄化都在加重。华盛顿体系虽然存在各种导致其受挫的弱点，但基于军控条约的和平以及现实的多国间秩序，对于朝着无秩序、无理念方向漂流的当今世界和日本来说，还是值得作为历史教训加以吸取的。至少，把华盛顿体系的重要遗产保留在了宪法第9条中的日本，应该考虑一下它的意义。

后 记

　　到去年，我的人生已满 80 载，其中超过 50 年的时间都在做学问。回顾这已算不得短的学问生涯，其间完成的事业却过于贫瘠，不足称道。我反倒是深切地觉得这 80 年人生本身，虽显平庸却也是我所完成的最大事业。或许可以说，这才是我所能给出的内村鉴三所言"留给后世最大的遗物"。

　　姑且不论这些，不知从何时起，我一直在想，相对于我的学问人生中"青年期的学问"而言，"老年期的学问"究竟意味着什么。很多时候，学术成果（特别是较为引人瞩目的成果）都是"青年期的学问"成果，而可以视为"老年期的学问"的成果实例，在脑海中却未曾浮现。那篇《青年期的学问和老年期的学问》（收录于《近代日本的战争与政治》，岩波书店。）的随笔，写于 30 年前的 1988 年。我在文中写道，"无法弄清老年期学问之意义的学问观，作为学问观而言……不得不说有失偏颇"。当时已对"老年期"有所认识的我，开始考虑是否可以谈一下学问的意义，不是从业绩出发的"青年期"的学问，而是面对整个人生的学问的意义。如今面对并不遥远的学问人生之终焉，走在人生的黄昏，我带着更深的迫切感，对于自身今后的"老年期的学问"进行了思索。

对于"老年期的学问"，今时今日我的想法是，"老年期的学问"并不能超越"青年期的学问"的范围，只有把"青年期的学问"的各种可能性追求到极致，"老年期的学问"才能得以实现。"老年期的学问"的存在方式终究是由"青年期的学问"的存在方式决定的。这就是我的结论。幻想在"老年期的学问"中获得"青年期的学问"所未能实现的东西，是不切实际的。两者密不可分，不能恣意剥离。人生的一体性，投诸学术生涯上也是一样的。

不过，我总觉得"老年期的学问"与其致力于聚焦特殊主题的个论，不如把着力点放在向一般性主题倾斜的总论上，即是不是能以形成相当于"General Theory"的东西作为目标。因为我认为，如果缺少这个，不同学术领域间的跨学科交流就无法实现。现在的学问，个论层面的发展较为显著，而总论层面的发展却鲜有人关注。影响这一现象的是主宰当下学术研究的功利主义价值观。

我认为，为了学术发展，除了进行跨学科交流以外，专业与业余之间的交流也是极其重要的。从这一点来说，"总论（General Theory）"也是不可或缺的。对此做一些贡献也是"老年期的学问"的目的之一。其实，之所以像如今这般，特意从正面对"日本的'近代'是什么"提出疑问，并把我的见解付诸这有限的篇幅，目的也是想从我的角度对日本近代提出一个总论式的看法。

当然，这样的意图恐怕也未必带来了理想的结果，毕竟我对于近代的视野也是有限的，至多限于政治经济的领域，而未能涉及其他。这里面既有我作为历史学家未能从更广博的角度进行整体考察的个人能力的原因，同时也有我作为观察日本近代的历史学家所无法避免的个人特有视角的原因。回顾全文，我也在反省，虽然我设定了总论性的目标，但却仍然无法摆脱个论的范畴。

　　尽管并没有充分实现最初的意图，但是为日本近代本身总结出一个概论，我想还是具有一定意义的。我在着手进行这项工作时，有一个可视为杰出先驱的实例范本，那就是尝试对英国近代进行了总论式考察的沃尔特·白芝浩的《自然学与政治学》（*Physics and Politics*，1872.）。之所以在本书的导入部分引用了《自然学与政治学》，是因为我想对日本近代所做的事情，白芝浩早在 145 年前就已经成功地以英国的近代为对象进行了尝试。

　　我熟读白芝浩的著作，是在十年之前。其契机是我十年前罹患的一场接受了 14 个小时手术的重病。因此，我不得不度过了两个月的住院生活，在恢复期内最先阅读的是以前没有读过的夏目漱石的一个小品文《回忆》（1911），内容是 1910 年他重病后于恢复期时的所见所想。在开头的部分，他提到了两个令他吃惊的讣告，一个是他所住医院的院长长与称吉的讣告，另一个却是美国实用主义哲学的创始人威廉·詹姆斯（1842~1910）的讣告，这完全出乎我的意料。

　　而更加令人意外的，是夏目漱石对威廉·詹姆斯的思想及文章的热爱。在重病中极度虚弱的状态下，他仍然读完了詹姆斯最后的著作《多元的宇宙》(A pluralistic Universe, 1908.)。对此，夏目漱石写道，"从我作为文学者的立场来看，教授无论对什么都以具体的事实为基础，以类推切入了哲学的领域。我饶有兴趣地读完了。……很愉快地感到自己平时在文学上的见解，与教授在哲学上的主张如此气脉相通、彼此相倚。特别是教授在介绍法国学者伯格森 (Henri Bergson) (1859~1941) 的学说时，以汽车下坡的势头一泻千里，对于我仍然供血不足的大脑来说，是何等的令人愉悦！我对教授的文章所怀有的深深的敬佩与推崇，都源于那时。"

顺便说一下，夏目漱石的这种感想，令人想起在同一时期受到伯格森的影响，以"纯粹经验"的概念为基础而写下了《善的研究》的西田几多郎 (1870~1945)。"纯粹经验"也是同样受到伯格森影响的威廉·詹姆斯哲学的基本概念。夏目漱石、西田几多郎、詹姆斯、伯格森都属于不同的领域，但是都是生活在同一知性空间的同时代的人，这一事实令我感慨颇深。

而且，在与詹姆斯产生共鸣的同时，能够读完他最后的遗作，好像也给了夏目漱石战胜疾病的信心。"现在想来，当时的我恐怕是极其虚弱的。仰卧在床，双肘撑在被子上，那样手持一本书就已经极其困难了。……但是大脑却好像并不是太累，对于书上所写的东西也能毫不费力地充分领悟。自己的脑子已经可以用了，在大吐血之后感觉到这样的自信，就是从那时开始。当时很高兴，唤妻子过来并对她说自己虽然身体不好，但脑子还是很灵光的，并向她解释了原因，妻子回答说，'你的脑子一向是过于灵光了……'"夏目漱石这样写道。对于长与称吉和詹姆斯的去世，他感慨道："在我治病的过程中表现出诸多好意的长与院长，在我不知道的时候已经去世了。在我空漠的脑中投下陆离色彩的詹姆斯教授，也在我不知道的时候去世了。只余应该对他们二人表达谢意的我还活着。病中有闲菊时雨，此晨菊花色依然。"

　　夏目漱石在疗养中除了评写詹姆斯的《多元的宇宙》之外，还写下另外一个读书体验。那就是美国社会学开创期的代表人物之一莱斯特·弗兰克·沃德（Lester Frank Ward）（1841~1913）的大作《动力社会学》（*Dynamic Sociology*，1883.）。我等只知其名，从未涉猎过的上下两卷 1500 页的大部头巨著，夏目漱石却在医院养病期间把它读完了，令人既震撼又感茫然。夏目漱石之所以对《动力社会学》感兴趣，是因为被"力学的"这一形容词所吸引，他解释说："平时一般学者完全看不到这个词，无动于衷地把研究材料看作不会动的物质来对待。对此我并不只是不满地冷眼旁观，对于与自己有密切关系的文艺上的那些特别容易陷于且不断陷入此弊的评论，我也曾表达了遗憾与批评。"

然而夏目漱石对于沃德著作的读后感是较为冷淡的，这与对詹姆斯作品的观感形成了鲜明对比。他写道："这大概是一本铺垫过于冗长的书。写到关键的社会学时，颇为不到位。而且对于原本以为较为可靠的所谓'力学的'，也很没有底气地进行了粗暴的处理。……接下来就该谈真正的力学啦、接下来就该谈令人惊喜的力学啦，我就这么无限地相信着作者，终于读到了这部一千五百页书的最后一页的最后一个字，然而期待中的东西却一直没有出现。"这是他对当时具有权威的西方专业学者毫不以为然地作出的痛快淋漓的坦率批评。

看到夏目漱石的这些文字，我想起了过去读过的一本书。那就是在本书中也提到过的理查德·霍夫施塔特的《美国思想中的社会进化论》（Richard Hofstadter, *Social Darwinism in American Thought*, Revised Edition, Beacon

Press.1955.）。这是一本出色的著作，它在说明美国是如何接受了赫伯特·斯宾塞（Herbert Spencer）的社会学，以及这对美国资本主义的形成有着何种贡献的同时，也论述了这对于后来美国本土的社会学和社会思想（特别是詹姆斯、杜威的实用主义）的形成有着怎样的影响。关于夏目漱石给予过较低评价的沃德的社会学，这本书对于其立足于批判斯宾塞的立场所贡献的独特学术思想的意义给予了高度评价。特别是在美国，作为批判推动过美国自由资本主义意识形态变化的社会进化论的先驱，沃德曾带给霍夫施塔特这样的美国罗斯福新政时代的知识分子很多启示。

关于霍夫施塔特的著作，我作为研究者开始进行阅读是在半个多世纪以前，先是通过丸山真男先生的教诲对它有了初步认识，在 1969 年 8 月第一次去美国时，在纽约的哥伦比亚大学书籍部买到了它的简装版（Beacon Paperback Edition, 1955.）。后来我再三熟读，书上已划满了横线和批注。在夏目漱石的刺激下，我又重新阅读了一遍，发现詹姆斯对白芝浩的《自然学与政治学》曾大加赞赏——过去读的时候，完全没有留意到这一点。于是，如同病后的夏目漱石阅读詹姆斯的《多元的宇宙》一样，我也产生了取出以前购自旧书店后藏而未用的白芝浩《自然学与政治学》的原书一读的念头。当时的动机只是想模仿夏目漱石，试图借此恢复被病痛折磨的衰弱的身心。因此偶然它就被用在本书序章的写作中了。

通过阅读关于英国近代的《自然学与政治学》，我认识到写一个关于日本的近代的总论，并借此尝试就日本的近代作一概念性把握的重要性。我想，通过这样的过程，对日本近代的认识也会更加深刻。康德说过，人的认识都是从直观开始的，从直观到概念，最后以理念作结。而在理念的前面，则是只能由理念所规定的理想。在本书中，我所进行的尝试是探索以日本近代为对象、从"直观"到"概念"的认识发展过程，我想，相较于本书的结果，它的意图更为有意义。

本书的执笔，开始于 2003 年，从那时以来花费了很多年月。在此期间，对于世界、日本还有我个人而言都是多事之秋。而这种"多事"，对于本书的内容、构成，以及出版的延迟都有很大的影响。本书执笔之前所未曾预料的种种事件，都把问题摆到了我的面前，促使我重新思考，其中有些还撼动了我对日本近代的原有认识，令我深刻感受到历史即是现实，现实也是历史。

　　本书是因岩波书店编辑部的小田野耕明约稿而开始撰写的，但在那以后执笔的页码不见增长，每年都要被小田野编辑催问上好几回。尤其是十年前自己陷入重病时，甚至一度想要放弃这本书的写作。所幸我活了下来，并且迎来了今天。这已经不仅仅是幸运了，而且是奇迹。活着是一种奇迹，这是我现在的真实感受。这种奇迹的累积，就是我的人生80年。这不是单指我个人的人生，一般而论，也是如此。

　　但是我的人生奇迹并不因此就能使它所带来的本书的客观内容也充满奇迹。正如我再三强调的，本书的内容比我预想的要平凡，我甚至觉得或许平凡也是它的优点之一。为了引出这一优点而做出贡献的小田野耕明，作为编辑无论对我这个作者还是对读者，都本着忠实的态度发挥了桥梁的作用，为了将我尽量推向读者，付出了诸多努力。作为作者，在此深表感谢！

　　最后，说句得陇望蜀的话，我当然希望本书能被当今的读者阅读，但如果可以的话，我也希望本书能被后世的读者看到。我也清楚，这样说很自不量力，但我很希望后人对于本书所尝试的对日本近代所作的概念性的初步把握，以及对近代以后日本及世界的展望，能从他们的立场上检验一下在多大程度上是有效的。森鸥外曾评论他所敬重的涩江抽斋的《述志诗》道，"诗中藏有老骥伏枥，志在千里之意"。意思是说"俊杰虽老，其志不衰"。森鸥外在其晚年仍通过写作《涩江抽斋》向"史传"这种新体裁挑战，想从涩江抽斋《述志诗》中的"老骥"身上寻找到自己晚年的形象。对于我来说，过去并非"骥"，现在当然也无法成为涩江抽斋、森鸥外那样的"老骥"，但我仍然希望把志向远放于千里之外。

2017年2月24日

三谷太一郎

人名索引

图书在版编目(CIP)数据

日本的"近代"是什么：问题史的考察 / (日) 三
谷太一郎著；曹永洁译. -- 北京：社会科学文献出版
社, 2019.6（2020.1重印）
（樱花书馆）
ISBN 978-7-5201-2919-0

Ⅰ.①日…　Ⅱ.①三…②曹…　Ⅲ.①日本－近代史
Ⅳ.①K313

中国版本图书馆CIP数据核字（2018）第125984号

· 樱花书馆 ·

日本的"近代"是什么：问题史的考察

著　　者 / 〔日〕三谷太一郎
译　　者 / 曹永洁

出 版 人 / 谢寿光
责任编辑 / 杨　轩　　　文稿编辑 / 胡圣楠　刘玉静

出　　版　社会科学文献出版社·北京社科智库电子音像出版社（010）59367069
　　　　　　地址：北京市北三环中路甲29号院华龙大厦　邮编：100029
　　　　　　网址：www.ssap.com.cn
发　　行 / 市场营销中心（010）59367081　59367083
印　　装 / 三河市东方印刷有限公司

规　　格 / 开　本：880mm×1230mm　1/32
　　　　　　印　张：9.625　字　数：175千字
版　　次 / 2019年6月第1版　2020年1月第2次印刷
书　　号 / ISBN 978-7-5201-2919-0
著作权合同
登 记 号 / 图字01-2018-1790号
定　　价 / 69.00元

本书如有印装质量问题，请与读者服务中心（010-59367028）联系